Rebecca Grado & Christy Whitmann

Die Alpha-Bitch zähmen

W0076500

Rebecca Grado & Christy Whitmann

Die Alpha-Bitch zähmen

Wie Sie stark UND feminin sind UND alles bekommen, was Sie wollen

Aus dem amerikanischen Englisch
von Maren Klostermann

KREUZ

Die amerikanische Originalausgabe ist erschienen unter dem Titel »Taming Your Alpha Bitch. How to Be Fierce AND Feminine (and Get Everything You Want!)« im Verlag BenBella Books, Inc., Dallas, Texas.
© 2012 Rebecca Grado and Christy Whitman

Dieses Werk wurde vermittelt durch die Literarische Agentur Thomas Schlück GmbH, 30827 Garbsen.

MIX
Papier aus verantwor-
tungsvollen Quellen
FSC® C106847

Umschlaggestaltung: Designbüro gestaltungssaal,
Sabine Hanel/Alexandra Gober
Umschlagmotiv: © Designbüro gestaltungssaal,
Sabine Hanel/Alexandra Gober
Autorinnenfotos: © Dave McKay

Satz: de·te·pe, Aalen
Herstellung: fgb · freiburger graphische betriebe
www.fgb.de

Printed in Germany

ISBN 978-3-451-61148-3

Inhalt

Einleitung

Mehr als zu jedem anderen historischen Zeitpunkt entdecken Frauen heute das ganze Ausmaß ihrer ihnen ur-
eigenen Stärke und bringen sie ohne falsche Scham zum
Ausdruck. Nachdem wir uns jahrhundertelang auf die
Zunge gebissen, auf den rechten Moment gewartet und
mit den Wimpern geklimpert haben, haben wir endlich die
Schürze an den Nagel gehängt und uns von der Rolle der
unterwürfigen »Jungfer in Bedrängnis« verabschiedet, die
als Archetyp ebenso wie als Stereotyp dafür gedient hat,
was Weiblichkeit bedeutet.

Werfen Sie einen Blick auf die sich verändernde globale
Landschaft und Sie sehen, dass Frauen an die vorderste
Front fast jeder Branche vorrücken. Wir sind erfolgreiche
Unternehmerinnen und einflussreiche Führungskräfte
und leisten wichtige Beiträge als angesehene Mitglieder
unserer Gemeinden und unserer Gesellschaft. Wir haben
die Glasdecken durchbrochen, haben im Karriere- und
Bildungsbereich gleiche Rahmenbedingungen für Frauen
wie für Männer geschaffen und keinerlei Zweifel daran gelassen, dass wir selbst für uns sorgen können. Wir haben
sogar die uns rechtmäßig zustehenden Plätze in der Politik
eingenommen, nicht mehr nur als Politikergattinnen sondern auch als Regierungschefinnen.

Diese neu wahrgenommene Stärke ist nicht auf die Ar-

beitswelt beschränkt. Wir übernehmen auch eine selbstbe-
wusstere Rolle in unseren Partnerschaften, führen erfolgreich und häufig im Alleingang unseren Haushalt und treffen wichtige Entscheidungen über wichtige Lebensfragen,
angefangen bei der Kinderbetreuung bis hin zu finanziellen Investitionen. Wir haben uns inzwischen fest auf Terri-
torien etabliert, die noch vor wenigen Jahrzehnten tabu
für uns waren; die Folge ist, dass uns heute mehr Möglichkeiten offenstehen als je zuvor.

Ja, meine Damen, wir haben zu Recht die soziale, wirt-
schaftliche und politische Gleichberechtigung errungen,
für die wir seit über 100 Jahren gekämpft haben. Und wir
haben definitiv jede Gelegenheit beim Schopf gepackt, um
zu beweisen, dass wir das Zeug haben, um uns erfolgreich
in einer »Männerwelt« zu behaupten (und *wie* wir das be-
wiesen haben!).

Im Laufe von nur zwei Generationen haben unsere
Errungenschaften als Frauen zu einigen ziemlich ein-
drucksvollen Durchbrüchen – und einigen bis dahin nie
vorgekommenen Zusammenbrüchen geführt. Unsere er-
weiterten Möglichkeiten haben auch zur Folge gehabt,
dass viele von uns unter größerer Angst, Erschöpfung,
Überforderung und Unausgeglichenheit leiden – sowohl
innerlich als auch in unseren Beziehungen zu anderen.

Als Empowerment-Expertinnen lernen wir Jahr für
Jahr zahlreiche Frauen kennen: in unserer Beratungs- und
Coaching-Praxis, auf Tagungen und auf den spirituell
orientierten Wochenendseminaren, die wir anbieten. Er-
schreckend viele Frauen berichten, dass sie mehr Stress als
Leichtigkeit und mehr frustrierende als erfreuliche Mo-
mente erleben. Trotz der reichen Möglichkeiten, die
Frauen heute offenstehen, haben viele das Gefühl, dass das
Glas in Lebensbereichen, in denen sie sich nach Fülle seh-

nen, »halb leer« ist. Was diese bewundernswerten Frauen
– und vielleicht auch *Sie* – daran hindert, die erhoffte Erfüllung zu finden, hat sicherlich nichts mit einem Mangel
an Intelligenz, Stärke oder Entschlossenheit zu tun. Tatsächlich sind viele der Frauen, die wir im Laufe der Jahre
beraten und gecoacht haben, starke, kompetente Frauen,
die im Leben sehr erfolgreich sind. Und wie diese Frauen
fragen vielleicht auch Sie
sich, warum sie sich trotz
dieses Erfolgs unerfüllt,
unzufrieden oder total
erschöpft fühlen.

> *Trotz der reichen Möglich-
> keiten, die Frauen heute
> offenstehen, haben viele
> das Gefühl, dass das Glas in
> Lebensbereichen, in denen
> sie sich nach Fülle sehnen,
> »halb leer« ist.*

Die Bewältigung der
ganzen verschiedenen
Rollen, die wir spielen,
kommt einem mitunter
vor, als würde man ein
kompliziertes Zirkus-
kunststück vorführen. Irgendwann wird einer der Teller,
die wir mit so viel Mühe in der Luft halten, auf den Boden
knallen. Kaum haben wir einen Bereich unseres Lebens im
Griff, scheint ein anderer in sich zusammenzufallen. Wenn
unsere Karriere gerade volle Fahrt aufgenommen hat, sehen wir unser Sexleben als Wrack am Straßenrand liegen.
Oder es ist uns endlich gelungen, in unserem Privatleben
ein Gefühl der Balance und eine starke familiäre Verbundenheit zu schaffen, aber dann wachen wir eines Morgens
auf und müssen feststellen, dass der Hosenknopf nicht
mehr zugeht. Dieses Ungleichgewicht lässt uns ratlos zwischen Gefühlen totaler Euphorie und totaler Ohnmacht
zurück. Solche gängigen Szenarien deuten darauf hin, dass
wir zwar zweifellos weit gekommen sind, aber immer
noch einige Wege vor uns haben, um die 100-prozentige

Erfüllung und echte innere Stärke und Selbstbestimmung, die wir erstreben, zu erreichen.

Da die meisten von uns in einer überwiegend von Männern dominierten Kultur aufgewachsen sind, wo es weit mehr Beispiele für mächtige und erfolgreiche Männer als für mächtige, erfolgreiche Frauen gab, haben wir ganz automatisch einen männlichen Ansatz zur Erfüllung unserer Lebensziele gewählt. Das war schließlich nur logisch. Wenn wir dasselbe Maß an Macht und Selbstbestimmung erreichen wollten wie die meisten Männer, dann mussten wir diese Macht – genauso wie die Männer – auf dieselbe Weise ergreifen wie sie. Das Ergebnis ist, dass viele von uns der vertrauten Rolle der »hilflosen Märchenheldin« Adieu gesagt und eine beinharte, ehrgeizige und konkurrenzorientierte Haltung eingenommen haben. Mit allem Machismo, den wir aufbringen konnten, sind wir nach vorn gestürmt, wild entschlossen, mit Gewalt alles zu erreichen, was wir uns ersehnten.

Zeit für eine neue Methode

Der männliche Erfolgsansatz hat uns gute Dienste erwiesen und war ein notwendiger Schritt in unserer Entwicklung, aber dank der Generationen von Frauen, die vor uns da waren, sind wir jetzt in der Lage, den nächsten Schritt zur Verwirklichung unserer ganzen *weiblichen* Stärke zu machen. Wie die Frauen, die vor uns darum gekämpft haben, ihre Stimme zu finden, spüren wir jetzt die wachsende Dringlichkeit, unser ganzes latentes Potenzial zu entfalten und eine tiefere Verbindung zu uns selbst, zu anderen und zum Leben selbst herzustellen.

Wir spüren, dass noch mehr in uns steckt, das nach Aus-

druck verlangt, und
wünschen uns mehr als
alles andere den Sprung
von der Mittelmäßigkeit
zur Vortrefflichkeit. Auf
einer gewissen Ebene
wissen wir, dass wir das
Potenzial haben, unbän-
dig erfolgreich zu sein –
nicht nur in einem ein-
zelnen Lebensbereich,
sondern in allen. Wir
verdienen es, beruflichen
Erfolg zu haben ebenso
wie finanziellen Wohl-

> *Der männliche Erfolgs-*
> *ansatz hat uns gute Dienste*
> *erwiesen und war ein*
> *notwendiger Schritt in*
> *unserer Entwicklung, aber*
> *dank der Generationen von*
> *Frauen, die vor uns da*
> *waren, sind wir jetzt in der*
> *Lage, den nächsten Schritt*
> *zur Verwirklichung unser*
> *ganzen* weiblichen *Stärke*
> *zu machen.*

stand, körperliche Vitalität, emotionale Erfüllung, Aben-
teuer, Romantik und alles, was unser Herz begehrt. Wenn
wir also feststellen, dass wir unser volles Potenzial in einem
bestimmten Bereich nicht entfalten können, ist es nur natürlich, dass wir Unzufriedenheit – von leichter Apathie bis
hin zu tiefer Enttäuschung – empfinden.

Und was tun die meisten starken, entschlossenen
Frauen, um dieser Unzufriedenheit entgegenzuwirken? Sie
legen sich noch mehr ins Zeug und arbeiten noch härter!
Wir krempeln die Ärmel hoch, verstärken unsere Entschlossenheit und verfolgen unsere Ziele noch aggressiver.
Mit anderen Worten: Wir übernehmen die Denkweise, die
Haltung und die Taktiken einer dominanten, ellbogenstar-
ken Frau oder, anders ausgedrückt: Wir werden zur »Alpha-Bitch«.

Auf dem Holzweg: der Alpha-Bitch-Ansatz für Leben und Liebe

Was genau ist eine Alpha-Bitch? Im Tierreich ist das Alpha-Tier das dominanteste Mitglied der Gruppe, das in der Rangordnung höher steht als alle anderen und buchstäblich bis aufs Blut um die Bewahrung seiner Spitzenposition kämpft. Und natürlich kennen wir alle die abfälligen Bedeutungen, die mitschwingen, wenn eine Frau als »Bitch« bezeichnet wird – ihr Verhalten wird als aggressiv, gehässig, störend oder bösartig charakterisiert. Die Alpha-Bitch ist wie ihr Pendant aus dem Tierreich machtgesteuert und kämpft um Dominanz. Sie verfolgt ihre Ziele auf kraftvolle, aggressive »Keine Gefangenen!«-Manier. Und sie kämpft mit allen Mitteln – einschließlich arroganter, kontrollierender, wettbewerbsorientierter und theatralischer Verhaltensweisen –, um ihre Wichtigkeit zu beweisen und den hart errungenen Status zu bewahren. Sicherlich ist Ihnen schon einmal eine Alpha-Bitch über den Weg gelaufen oder Sie haben festgestellt, dass Sie selbst gelegentlich zum Alpha-Bitch-Verhalten neigen.

Wenn wir im Alpha-Bitch-Modus operieren, sind wir tatsächlich überzeugt, dass die einzige Möglichkeit zur Erfüllung unserer Bedürfnisse darin besteht, die Menschen und Situationen in unserem Leben zu beherrschen und zu kontrollieren. Anstatt die Fülle der uns offenstehenden Ressourcen zu genießen und davon zu profitieren, erzeugt unsere innere Alpha-Bitch ein anhaltendes Gefühl der Isolation und Abgetrenntheit – eine »Ich gegen den Rest der Welt«-Mentalität. Wenn wir wollen, dass irgendetwas richtig gemacht wird, müssen wir es selbst tun, und wenn wir nicht alles zusammenhalten, wird es garantiert auseinanderfallen. Wir sind überzeugt, dass die

Kids nicht mehr essen, die Rechnungen nicht mehr bezahlt und die Erde sich nicht mehr um ihre eigene Achse drehen wird, wenn wir die Sache nicht selbst in die Hand nehmen. Natürlich lastet diese wahrgenommene Verantwortung schwer auf unseren Schultern, schraubt sich zur Erschöpfung hoch, gräbt Falten in unsere Stirn, verhärtet unser

Der Versuch, unsere persönliche Macht einzufordern, indem wir eine Alpha-Bitch-Denkweise übernehmen, beraubt uns ironischerweise unserer Macht. Je angestrengter wir versuchen, die Erfüllung unserer Träume zu erzwingen, desto weiter entfernen wir uns von dem Leben, das wir ersehnen.

Herz und saugt buchstäblich die Freude aus unserem Leben. Der Versuch, unsere persönliche Macht einzufordern, indem wir eine Alpha-Bitch-Denkweise übernehmen, beraubt uns ironischerweise unserer Macht. Je angestrengter wir versuchen, die Erfüllung unserer Träume zu erzwingen, desto weiter entfernen wir uns von dem Leben, das wir ersehnen.

Vielleicht fragen Sie sich jetzt, warum der männliche Ansatz den Mann an sein Ziel bringt, für die Frau dagegen letztlich kontraproduktiv wirkt. Die einfache Antwort lautet, dass Männer und Frauen anders »verdrahtet« sind. Männer funktionieren am besten, wenn sie ihre gesamte gebündelte Energie mit einem Schlag herauslassen, während Frauen darauf programmiert sind, ihre Energie in einem gleichmäßigen Tempo über längere Zeiträume zu verteilen. Männer sind für Sprints gemacht, Frauen für Marathonläufe. Physiologisch betrachtet ergibt das durchaus Sinn. In primitiveren Zeiten brauchten Männer riesige Energieschübe, um als Jäger erfolgreich zu sein – sobald sie dann ihre Beute erlegt hatten, war ihre Arbeit erledigt und sie konnten sich ausruhen. (Und, Mädels, kennen wir nicht alle das ausgesprochene Ruhebedürfnis der Männer …) Frauen hingegen brauchten Ausdauer, um das heimische Feuer in Gang zu halten, die Nahrung zuzubereiten und sich um den Nachwuchs zu kümmern.

Heute erfüllen die meisten Frauen zahlreiche Verpflichtungen in der Familie und in ihrer Gemeinschaft und arbeiten mehr als nur den typischen Acht-Stunden-Tag. Wenn wir einen männlichen, kraftvollen »Bring's hinter dich!«-Ansatz bei diesen Aufgaben anwenden, ist es nur eine Frage der Zeit, bis wir ausgebrannt sind. Wir erzielen vielleicht kurzfristig die angestrebten Ergebnisse, aber zu einem höheren Preis für unser körperliches und seelisches Wohlbefinden. Wenn unsere Erfolgsbemühungen nicht mit unserer wahren Natur übereinstimmen, geraten unsere Gefühle aus dem Gleichgewicht und die Ergebnisse lassen zu wünschen übrig. Mit anderen Worten: Die Art, wie Männer ihre Ziele in Angriff nehmen, ist nicht unbedingt die Art, die wir nachahmen sollten. Was Sie in diesem Buch finden werden, sind Methoden, die Ihnen beim Streben nach dem erwünschten Erfolg besser dienen werden und die gleichzeitig Ihrem natürlichen femininen Rhythmus gerecht werden.

Um keine Zweifel aufkommen zu lassen: Wir bestreiten nicht, dass die Rolle der Alpha-Bitch Aufmerksamkeit erregt und dafür sorgt, dass die Dinge sich bewegen. Es gibt definitiv Situationen, in denen es absolut notwendig ist, unsere innere Wolfsfrau zu aktivieren – zwei Ziele, die einem dabei spontan in den Sinn kommen, sind, dass wir uns selbst gegen Angriffe verteidigen oder das Wohl unserer Kinder schützen. Doch es ist auch wichtig zu erkennen, dass jene Momente, in denen wir kampfbereit sein müssen, normalerweise nicht sehr zahlreich sind. Es ist zwar gut zu wissen, dass wir unsere innere Kriegerin gegebenenfalls auf den Plan rufen können, aber es ist kontraproduktiv, ständig mit gezückter Waffe durchs Leben zu gehen.

> *Es ist zwar gut zu wissen, dass wir unsere innere Kriegerin gegebenenfalls auf den Plan rufen können, aber es ist kontraproduktiv, ständig mit gezückter Waffe durchs Leben zu gehen.*

Das stressige Leben der Alpha

Alles in allem hält unsere Gesellschaft an der Überzeugung fest, dass wir, um unser ganzes Potenzial zu entfalten, brennenden Ehrgeiz, harte Arbeit, eine entschlossene Haltung und einen starken Willen brauchen. Wenn man dieses Wertesystem als Gleichung aufschriebe, würde sie etwa folgendermaßen lauten: *Je größer die Anstrengung, desto besser das Ergebnis.* Und obwohl dies auf einige besondere Situationen und auf Männer zutreffen mag, zeigt sich, dass dieser ganze »Ranklotz«- und »Kopf durch die Wand«-Ansatz den Frauen mehr als nur Leistung und Anerkennung gebracht hat – wir haben uns den Kopf dabei ein bisschen blutig geschlagen …

Die Alpha-Bitch-Mentalität ist hart und fordernd und manchmal gehen wir mit uns selbst am härtesten ins Gericht. Diese kritische Haltung erzeugt Widerstand in unserem Körper, und ein Körper im Widerstand ist ein Körper, der sich quält. Wenn wir aggressiv und erniedrigend (an-

statt liebevoll und akzeptierend) mit uns selbst umgehen,
kann das negative Folgen für unseren Gesundheitszustand
und für unsere Beziehungen haben.

Verhaltensstudien bei Tieren haben gezeigt, dass ein
Hund, Wolf oder Primat, der sich als Alpha-Tier des Ru-
dels aufstellt, eine wesentlich kürzere Lebenserwartung
hat als diejenigen Tiere, die in der sozialen Rangordnung
unter ihm stehen. Dafür kann es eine Vielzahl von Grün-
den geben, aber eine überzeugende Theorie lautet, dass der
Stress, der sich im Laufe der Zeit anstaut, weil das Alpha-
Tier ständig auf Hochtouren läuft, schließlich zum körperlichen Zusammenbruch führt. Wenn wir als menschliche Alphas ständig Druck und Kontrolle ausüben, setzen
wir unseren Geist und Körper unverhältnismäßigem
Stress aus, der uns anfällig für Krankheiten und Leiden
macht. Lang anhaltender Stress greift unseren Körper an
und kann zu ernsthaften Gesundheitsproblemen führen.
Er kann hohen Blutdruck verursachen, das Immunsystem
schwächen, zur Unfruchtbarkeit beitragen und den Alte-
rungsprozess beschleunigen. Chronischer Stress kann sogar das Gehirn neu »verdrahten« und uns anfälliger für
Angst und Depression machen.

Eine bei jeder Frau besonders unbeliebte Begleiter-
scheinung dieser äußerst stressreichen Lebensweise ist,
dass sie dick macht! Wenn die andauernden, wahnsinnigen
Anforderungen, die wir uns auferlegen, uns unter Stress
setzen, steigt unser Kortisolspiegel, was unseren Stoffwechsel verlangsamt. Als ob ein langsamer Stoffwechsel
nicht schon schlimm genug wäre, greifen viele Frauen
nach fetten, zuckerhaltigen und kalorienreichen Lebens-
mitteln, wenn sie sich erschöpft fühlen. Wenn wir nachts
den Eisschrank plündern, um uns mit leckerer Eiscreme
vollzustopfen, mag sich das im Moment gut anfühlen,

doch in Wahrheit verdecken wir (mit kulinarischen Köst-
lichkeiten) nur die größeren Probleme – wir haben unsere
wahre feminine Ausrichtung verloren und fühlen uns see-
lisch unterernährt. Die aggressive Kraft der Alpha-Bitch
auszuüben setzt den Körper der Frau unter enormen
Stress, verschwendet jede Menge Energie und beeinflusst
uns in vielerlei Hinsicht negativ. Wenn es zur *Gewohnheit*
wird, dass wir uns in dieser Weise auf die Welt beziehen
und unsere Ziele aggressiv verfolgen, sind die Ergebnisse
letztlich unbefriedigend, weil wir im Laufe dieses Prozes-
ses die Vertrautheit, Synergie und Verbundenheit mit anderen (und uns selbst) opfern.

Unser Ellbogenverhalten bringt uns vielleicht eine be-
rufliche Beförderung ein, aber genießen wir auch noch den
Respekt unserer Kollegen oder fragen sie uns noch, ob wir
nach der Arbeit mit ihnen noch ein Bier oder einen Wein
trinken gehen? Auf ähnliche Weise sorgen unsere Be-
stimmtheit und unsere Herrschsucht vielleicht dafür, dass
unser Partner einige Punkte von unserer »Liebling, könntest du bitte …«-Liste abarbeitet, aber schaut er uns noch
mit liebevollem Blick an? Durch das Feldwebel-Gebaren,
das wir an den Tag legen, um unseren Haushalt in Schuss
zu halten, wird die Arbeit zwar erledigt, aber haben unsere
Kinder noch Lust darauf, mit uns etwas zu unternehmen?
Unsere Freundinnen laden uns noch zum »Mädelsabend«
ein, aber haben sie noch genügend Vertrauen zu uns, um
ihre wahren Gefühle mit uns zu teilen?

Angestellte oder Kollegen machen möglicherweise einen loyalen Eindruck, solange wir ein wachsames Auge
auf sie haben, sind aber jederzeit bereit, gegen uns zu intrigieren oder uns auch zu sabotieren, wenn wir nicht da
sind, um sie zu überwachen. Familienmitglieder und
Freunde lächeln vielleicht höflich, wenn wir zugegen sind,

aber bemühen sich nach Kräften, uns aus dem Weg zu gehen, um unsere Kritik oder Kontrolle zu vermeiden.

In Alpha-Bitch-Manier an das Leben heranzugehen, bedeutet letztendlich, dass wir uns selbst Steine in den Weg legen, weil es Konflikt, Streit und Konkurrenz in unsere persönlichen und beruflichen Beziehungen bringt – wodurch wir uns noch isolierter und überforderter fühlen. Und der größte Nachteil ist folgender: Diese Einstellung treibt nicht nur unseren Blutdruck in die Höhe und lässt uns angespannt oder gereizt erscheinen, sie beeinträchtigt auch direkt unsere Fähigkeit, unser Leben so zu gestalten, wie wir es uns erträumen, weil es uns *energetisch* von der Fülle abblockt, die wir verdienen. Wie? Nun, das aggressive, männliche Verhalten, das wir für das Sprungbrett zum Erfolg hielten, basiert in Wahrheit auf Grundüberzeugungen der Angst und der Unzulänglichkeit – und diese Überzeugungen haben viel mit den Ergebnissen zu tun, die wir letztendlich zustande bringen. Schauen wir uns das einmal genauer an.

Das Gesetz der Anziehung

Alle Erfahrungen, die wir machen (ob wir das Leben als Kampf betrachten oder es mit Leichtigkeit meistern, Entbehrung oder Überfluss erleben, auf Enttäuschungen stoßen oder Erfüllung finden), sind das direkte Ergebnis dessen, was wir für die Wahrheit über uns selbst, über andere Menschen und über die Welt halten. Unsere Grundüberzeugungen steuern unser Denken, und unser Denken löst bestimmte Gefühle in uns aus. Unser Fühlen und Denken beeinflusst unsere Energie – und es ist unsere Energie, die uns zu den Erfahrungen hinzieht, die wir im Leben machen.

Was meinen wir mit »Energie«? Wir leben in einem Universum, das auf Schwingungen basiert. Alles – von diesem Buch, das Sie lesen, bis hin zu Ihren Gedanken – trägt eine bestimmte Energie oder Schwingungsfrequenz. Wissenschaftler bezeichnen diese Schwingungen als »Strings«. Der Quantenphysik zufolge projizieren wir diese messbaren Energiefrequenzen oder -schwingungen ins Universum hinaus und erhalten in Reaktion darauf *ähnliche* Energien zurück. Die Frequenz, auf der unsere Energie Resonanz findet, beeinflusst unsere Lebenserfahrungen.

Lassen Sie sich von dieser wissenschaftlichen Definition nicht abschrecken. Es gilt nur zu verstehen, dass *alles Energie ist* (einschließlich unserer selbst) und dass unsere energetischen »Vibrationen« darüber bestimmen, was wir im Leben erreichen. Die folgende Formel veranschaulicht, wie dieser Prozess funktioniert:

Überzeugungen → Gedanken → Gefühle = Energie → Ergebnis

Stellen wir uns den Ablauf einmal vereinfacht vor: Die Gedanken, Überzeugungen und Gefühle, die wir von Augenblick zu Augenblick erleben, haben eine starke und unmittelbare Wirkung auf unser Energiefeld. Wie ein Radiosignal wird unsere Schwingung zu dem entferntesten Winkel des Universums getragen und das Universum antwortet, indem es uns eine Anziehungskraft für Menschen, Situationen und Erfahrungen verleiht, die mit dieser Schwingung übereinstimmen. Wenn Sie zum Beispiel die Grundüberzeugung haben, dass Sie unzulänglich sind, wird diese Überzeugung Ihre Gedanken beeinflussen und einen inneren Dialog auslösen, der etwa folgendermaßen klingt: *»Ich werde nie so klug sein wie meine Freunde. Wer* *soll mich je attraktiv finden? Niemand wird mir einen Job geben. Warum vermassle ich immer alles?«* Diese Gedanken beeinflussen wiederum Ihre Gefühle, was Ihre Laune sehr wahrscheinlich auf den Nullpunkt sinken lässt. Wenn sich Ihre energetische Schwingung auf diesem niedrigeren Niveau einpendelt, wird diese niedrigere Frequenz unsichtbar, aber machtvoll ins Universum gesendet, zieht Lebenserfahrungen an, die dieselbe niedrige Energieschwingung spiegeln. Andererseits können Überzeugungen, die sich an Prinzipien wie Fülle, Balance, Zusammenarbeit und Selbstakzeptanz orientieren, eine ruhige und harmonische Frequenz erzeugen, die uns befähigt, unsere erstrebten Ziele mit weniger Anstrengung und größerer Freude zu erreichen.

Die Ergebnisse, die wir selbst energetisch anziehen – die Qualität unserer Beziehungen, unser Grad an Vitalität und das Maß an Fülle und Befriedigung, das wir im Beruf erleben –, liefern uns Rückmeldungen über das Wesen der Beziehung, die wir zum Universum, zum Leben insgesamt haben. Alle Erfahrungen, die uns im Leben zuteilwerden, sind eine direkte Widerspiegelung der Energie, die wir ausgesandt haben. Das ist das Wesen des Gesetzes der Anziehung.

> *Alle Erfahrungen, die uns im Leben zuteilwerden, sind eine direkte Widerspiegelung der Energie, die wir ausgesandt haben. Das ist das Wesen des Gesetzes der Anziehung.*

So beschreibt Abraham Hicks den Zusammenhang: »Das machtvolle Gesetz der Anziehung ist der Kern aller Erfahrungen. Und die feste, unveränderliche, immer zutreffende Voraussetzung dieses Gesetzes ist, *dass Gleich und Gleich sich anzieht*.«[1]

Überzeugungen sind wie Magneten; sie ziehen uns zu allem hin, was wir in unserer Wirklichkeit erleben. Und obwohl die Alpha-Bitch-Einstellung sich als Selbstvertrauen und Überlegenheit zu tarnen versucht, wird sie von Grundüberzeugungen der Angst und der Unzulänglichkeit in Gang gesetzt. Diese Überzeugungen verändern unsere Ausstrahlung von ruhig und harmonisch zu chaotisch und wettbewerbsorientiert, so dass unsere Träume ewig unerreichbar bleiben.

Die gute Nachricht ist, dass wir durch Bewusstheit und entsprechendes Handeln (was mit einer neuen Einstellung und Herangehensweise beginnt) unsere Energie und Ausstrahlung verändern können, so dass mehr Positives in unsere Reichweite rückt. Die Frage ist: Wie kommen wir von hier nach da – von unserem jetzigen Standort zu unserem ersehnten Ziel?

Von der Alpha-Bitch zur selbstbestimmten weiblichen Kraft: Wie wir Veränderungen bewirken

Bevor wir unsere Alpha-Bitch-Neigungen erfolgreich zähmen können, ist es wichtig zu erkennen, dass wir dieses Verhalten aus einem bestimmten Grund gewählt haben. Man könnte das Verhalten der heutigen Alpha-Bitch als eine Art natürliche Anpassung betrachten – ein notwendiger Schritt in unserer Evolution als Frau. Der Austausch des Archetyps der hilflosen »Jungfrau in Bedrängnis« gegen den der Alpha-Bitch war kein Fehler oder Rückschlag, sondern ein entscheidender und notwendiger

Schritt in unserer laufenden Suche nach Selbststärkung und Selbstbestimmung. Auf die gleiche Weise, wie das Krabbeln ein wesentlicher Schritt ist, um Laufen zu lernen, mussten wir erkennen, dass wir über Stärke verfügen, bevor wir lernen konnten, diese Stärke auf kluge Weise zu nutzen. Doch wie das Kind, das eines Tages entdeckt, dass es auf zwei Beinen weiter kommt als auf allen Vieren, haben wir die äußersten Grenzen der Möglichkeiten erreicht, die wir mit unseren Ellbogentaktiken ausschöpfen können. Die Herrschaft der Alpha-Bitch nähert sich rapide ihrem Ende, einfach weil wir bereits alles gelernt haben, was sie kann.

Wir alle kennen Charles Darwins *Survival of the Fittest*-Theorie, die davon ausgeht, dass sich in einer Welt begrenzter Ressourcen nur die Stärksten im Überlebenskampf behaupten werden. Weniger als 100 Jahre, nachdem Darwin seine berühmte Theorie veröffentlicht hatte, erklärte der Biologe Jonas Salk sie bereits für überholt und argumentierte, dass nicht die Stärksten, sondern die *Klügsten* überleben. Wir leben nicht mehr in einer Welt des reinen Überlebenskampfes; die Menschen, die alles haben – äußeren Erfolg und innere Erfüllung – sind nicht notwendigerweise die größten oder die stärksten oder die rücksichtslosesten, sondern jene, die klug genug sind, sich an die universell gültigen Prinzipien zu halten.

Dass wir das Potenzial unserer inneren Alpha-Bitch angezapft haben, hat uns zu der Erkenntnis gebracht, dass Frauen fähig und berechtigt sind, genauso viel Einfluss und Bedeutung zu erlangen wie jeder Mann. Es hat uns die Möglichkeit eröffnet, wenn nötig die Zähne zu blecken und ehrgeizig und mutig nach der Erfüllung unserer Sehnsüchte zu streben. Wir wissen, wie wir für uns selbst sorgen können, wie wir für unsere Rechte kämpfen und wie wir uns an die Spitze boxen. Dank der Alpha-Bitch wissen wir, wie wir überleben können. Jetzt ist es an der Zeit, dass wir lernen, uns zu entfalten – den hart erkämpften Erfolg zu genießen und gleichzeitig maximale Erfüllung in unserem Leben zu finden.

Die Wandlung von der Alpha-Bitch zur selbstbestimmten Frau beginnt mit der Erkenntnis, dass wir unsere Weiblichkeit nicht aufgeben müssen, um erfolgreich zu sein. Wir können gegebenenfalls unsere männliche Stärke nutzen, aber dennoch unserer femininen Natur treu bleiben. Dadurch führen wir beide Energien zusammen und nutzen ihre ganzheitliche kreative Stärke.

Wenn Sie die universellen Gesetze verstehen und anwenden, werden Sie die überholte Alpha-Bitch-Mentalität automatisch aufgeben. Es handelt sich um die Gesetze des reinen Potenzials, des Zulassens, des Einsseins, der Balance und Harmonie sowie der Genügsamkeit und

Die Wandlung von der Alpha-Bitch zur selbstbestimmten Frau beginnt mit der Erkenntnis, dass wir unsere Weiblichkeit nicht aufgeben müssen, um erfolgreich zu sein. Wir können gegebenenfalls unsere männliche Stärke nutzen, aber dennoch unserer femininen Natur treu bleiben.

Fülle, die wir in diesem Buch erläutern. Sie werden lernen, dass wir umso mehr Distanz zu unseren Träumen herstellen, je mehr wir ihre Erfüllung erzwingen wollen. Und Sie werden erkennen, dass ein Leben in Angst uns direkt daran hindert, die Fülle zu schaffen, die wir ersehnen und verdienen. Das Wichtigste, das Sie lernen werden, ist, dass es nicht nur unsere Anstrengung ist, sondern unsere Energie, die uns all die Erfahrungen bringt, die wir im Leben machen.

Wir werden in den folgenden Kapiteln aufzeigen, dass Ihre Energie von den vier typischen Verhaltensansätzen beeinträchtigt wird, die kennzeichnend für die Alpha-Bitch sind – durch eine Haltung, die auf Aggressivität, Kontrolle, Konkurrenz oder Theatralik ausgerichtet ist. Und wir legen dar, wie diese Verhaltensweisen durch Grundüberzeugungen des Mangels und der Angst erzeugt werden. Außerdem werden wir die fünf entscheidenden Mittel beschreiben, durch die Sie sich in vollkommenen Einklang mit ihrer Weiblichkeit bringen können – fünf Schlüssel, mit denen Sie leicht und anmutig Türen aufschließen können, die sich nicht gewaltsam öffnen lassen.

Sie werden erfahren, wie die Kultivierung von Eigenschaften wie Inspiration, Gelassenheit, Vertrauen und Zufriedenheit die universellen Gesetze in Ihrem Leben wirksam macht und Sie befähigt, die Dinge, die Sie ersehnen, leichter anzuziehen – nicht durch extreme Anstrengung oder durch Zwang, sondern durch die reine in Ihnen liegende Kraft. Wenn Sie in Kontakt mit Ihrer inneren Kraft sind, anstatt Ihre Stärke demonstrativ zu Schau zu stellen, um anderen Ihren Willen aufzuzwingen, strahlen Sie eine Art ruhiger Eleganz aus. Sie lenken die Aufmerksamkeit nicht durch laute Worte oder auffällige Verhaltensweisen auf sich, sondern durch Anmut und Selbstvertrauen. Weil Sie andere Menschen respektvoll und fürsorglich behandeln, fühlen diese sich automatisch zu Ihnen hingezogen und bieten von sich aus ihre Kooperation und Unterstützung an.

Wenn Sie etwas erreichen wollen, werden Sie natürlich Zeit und Energie darauf verwenden, es zu verwirklichen, aber Sie bleiben sich weiterhin bewusst, dass Ihre wahre

Macht zur Erfüllung Ihrer Wünsche von innen her akti-
viert werden muss. Indem Sie Klarheit und Gewissheit
ausstrahlen – zwei sehr machtvolle Determinanten der
Anziehung –, sind Sie zunehmend zur richtigen Zeit am
richtigen Ort und stellen fest, dass ihnen alles mit größerer
Leichtigkeit zufällt.

Als selbstbestimmte Frau, die sich ihrer femininen
Stärke bewusst ist, werden Sie schließlich in der Lage sein,
die Mentalität der »einsamen Wölfin« aufzugeben, die Sie
denken lässt, dass Sie alles selbst in die Hand nehmen und
ganz allein erledigen müssen. Stattdessen entwickeln Sie
die Demut und das Vertrauen, sich an einen immer größeren Kreis von Menschen zu wenden, mit denen Sie zusammenarbeiten und gemeinsam etwas erschaffen können;
Sie vertrauen auf eine Intelligenz, die über Sie selbst hi-
nausreicht und Ihnen in jeder Situation Anleitung und
Unterstützung gibt. Wenn Staunen und Dankbarkeit an
die Stelle von Erschöpfung und Anstrengung treten, wird
das Leben um vieles leichter.

Wir Frauen haben zweifellos sehr hart für jeden Erfolg
gearbeitet, den wir errungen haben. Jetzt ist es an der Zeit,
diesen Erfolg durch eine leichtere Methode zu ernten, die
weniger anstrengend und fruchtbarer ist und zudem noch
viel mehr Spaß macht!

Wir zeigen Ihnen den Weg

Als psychologische Psychotherapeutin mit über 25 Jahren
Erfahrung in der Begleitung und Unterstützung von
Frauen (Rebecca) und als zertifizierte Law of Attraction-
Trainerin, die regelmäßig Vorträge vor Frauengruppen im
ganzen Land hält und sie in diese Themen einführt

(Christy), wollen wir Sie mithilfe von direkt umsetzbaren, praktischen Übungen dazu anleiten, Ihre weibliche Stärke zu aktivieren und unmittelbare und greifbare Veränderungen in Ihrem Leben zu bewirken.

Seien Sie darauf gefasst,

* eine Veränderung zu erleben, die sich auf alle Gedanken, Gefühle, Entscheidungen und Einstellungen Ihres Alltagslebens auswirken wird.
* die Ressourcen anzuziehen, die für den Zauber eines erfüllten Lebens notwendig sind.
* effektiver zu werden: Sie werden mehr Aufgaben in weniger Zeit und mit weniger Stress erledigen.
* die wahre Stärke in Ihrem tiefsten Innern zu erschließen.
* auf gelassene, ausgeglichene und harmonische Weise an das Leben heranzugehen.
* eine tiefere Verbindung zu Ihrem weisen, allwissenden Selbst herzustellen.
* alle Hindernisse und einschränkenden Überzeugungen aufzugeben, die Ihnen im Weg stehen.
* mehr Freude, Begeisterung, Zuversicht und Freiheit zu erleben.
* Ihre wahre feminine Stärke zu entfalten, so dass sich Ihre Visionen, Vorstellungen und Träume mühelos verwirklichen.

Und das alles werden Sie mit Leichtigkeit und Anmut tun, ohne Ihre innere Stärke zu verleugnen oder sie als Waffe einzusetzen. Fast ohne es zu bemerken, werden Sie auf eine Weise an das Leben herangehen, die vielschichtiger und zugleich ganzheitlicher ist: Sie vollziehen den Wechsel von der Anwendung äußeren Zwangs zur Verkörperung der Stärke, vom Kontrollieren zum Zulassen, vom Wettbewerb zur Kooperation, von Unruhe und Theatralik zu Balance und Harmonie, von einer Grundhaltung der Entbehrung und der Beschränkung zu einer der Genügsamkeit und Fülle und letztlich von einem Leben, das auf Angst basiert, zu einem Leben, das Liebe im Überfluss bietet.

Wenn Sie bereit sind, diese Gesetze in Ihrem Leben wirken zu lassen, dann sollten Sie jetzt weiterlesen.

Kapitel 1

Die kraftvoll-aggressive Alpha

Die Einzelheiten Ihrer Inkompetenz interessieren mich nicht«, schnaubt Miranda Priestly in dem Film *Der Teufel trägt Prada* aus dem Jahr 2006. Priestly (brillant gespielt von der Oscarpreisträgerin Meryl Streep) ist die Personifikation der kraftvollen Alpha-Bitch. Sie ist eine schimpfende, abweisende und kompromisslose Frau, die ihre scharfe Zunge wie eine tödliche Waffe einsetzt. Sie mag aussehen wie aus dem Ei gepellt, aber sie ist eine skrupellose Schreckschraube, die sich ihren Weg nach oben gegraben hat und vor nichts zurückschreckt, um dort zu bleiben. Sowohl in ihrem privaten als auch in ihrem beruflichen Leben regiert Priestly mit der sprichwörtlichen eisernen Faust. Und obwohl sie sich in ihrer Branche durchaus einen Namen gemacht hat, ruft ihre ätzende Art Hass hervor, stößt andere Menschen ab und entfremdet sie schließlich sogar von ihrem Ehemann.

Wenn diese Spielart der Alpha-Bitch doch einfach nur eine fiktive Gestalt wäre, ausgedacht für die große Kinoleinwand! Leider ist das nicht der Fall. Wir alle haben mitunter das zweifelhafte Vergnügen, an der Kasse des Super-

markts hinter einer kraftvoll-aggressiven Alpha zu stehen
und innerlich zusammenzuzucken, wenn sie Forderungen
herausbellt und die Verkäuferinnen sich unter ihrem ver-
ächtlichen Tonfall in Tränen auflösen. Wir weichen ihrem
Einkaufswagen aus, wenn sie ohne Rücksicht auf die Zehen
anderer Menschen durch die Gänge des Supermarkts
rauscht. In Restaurants schubst sie uns kurzerhand beiseite,
um an den Empfang zu stürmen und einen Tisch zu verlan-
gen, ohne einen Gedanken an die hungrigen Familien zu
vergeuden, die geduldig auf einen Platz warten. Wir wenden
den Blick ab, halten den Mund und weichen ihr tunlichst
aus, sobald sie irgendwo auftaucht. Diese Frau scheint ständig genervt und immer auf der Suche nach einem Opfer zu
sein, an dem sie ihren Zorn auslassen kann, deshalb ist es das
Beste, ihr einfach aus dem Weg zu gehen – es sei denn, man
muss mit ihr zusammen arbeiten oder zusammen leben.

Ihr Motto im Büro lautet: »Ein guter Mitarbeiter ist ein
unterwürfiger Mitarbeiter.« Sie ist die Kotzbrocken-Che-
fin, die alle Ideen und Meinungen ihrer Kollegen nieder-
macht, ganz zu schweigen von deren Gefühlen, und jede
Menge platt gewalzter Kollisionsopfer hinterlässt. Wenn
irgendjemand sie in irgendeiner Form infrage stellt, nimmt
sie ihn gnadenlos aufs Korn – demütigt ihn in Meetings,
schmettert seine Ideen ab und nimmt ihm jede Hoffnung
auf Beförderung.

Sie ist der Stoff, aus dem die Alpträume des Bürolebens
gesponnen werden: hart, strafend und abwertend. Durch ihren herablassenden Ton oder ihren einschüchternden Blick,
den sie perfekt beherrscht, macht sie ihren Partner zum
trotteligen Jasager. In ihrer Gegenwart übernehmen selbst
erfolgreiche, gestandene Männer Strategien des Familien-
hundes, der sich auf schnellstem Wege in seine Hütte ver-
krümelt, sobald er ihren Schritt an der Haustür hört.

Als Mutter verhält sie sich herrisch und manchmal demütigend. Sie hat keine Hemmungen, dem Karatelehrer ihrer Kinder – lautstark und mitten im Unterricht – zu sagen, wie er seinen Job machen soll (wen juckt's, dass dieser Sensei den vierten Dan-Grad des schwarzen Gürtels hat). Die kraftvoll-aggressive Alpha-Mama tyrannisiert Erzieherinnen, Lehrer, Trainer und Eltern von Spielkameraden, wenn sie ihre Autorität in irgendeiner Weise herausfordern. Auch ihre Kinder schikaniert sie herum. Disziplin und Dominanz sind zwei Worte, die sie oft verwechselt.

Als Freundin scheint die kraftvolle Alpha der Meinung zu sein, dass sie anderen eine Freude macht, wenn sie ihr gefällig sein dürfen. Stets in der Angst, ihren Zorn zu erregen, kutschieren die Mitglieder ihres inoffiziellen Gefolges ihre Kids durch die Stadt, holen ihre Sachen aus der chemischen Reinigung und versorgen sie mit ihrem täglichen entkoffeiniertem Latte ohne Schaum, aber mit Süßstoff. Sie ist die Schwester, Schwiegermutter und Nachbarin, die alles besser weiß und die darauf besteht, dass alles nach ihrer Nase geht. An guten Tagen macht sie den Eindruck einer starken, selbstbewussten Frau, die weiß, was sie will, und es glasklar zum Ausdruck bringt. Doch wenn ihre

An guten Tagen macht sie den Eindruck einer starken, selbstbewussten Frau, die weiß, was sie will, und es glasklar zum Ausdruck bringt. Doch wenn ihre Führungsattitude durch aggressiven Kraftaufwand statt durch authentische Stärke angetrieben wird, überschreitet sie mit ihrer Dominanz und Angriffslust die Grenzen anderer und beschneidet deren Rechte und Freiheiten.

Führungsattitude durch aggressiven Kraftaufwand statt durch authentische Stärke angetrieben wird, überschreitet sie mit ihrer Dominanz und Angriffslust die Grenzen anderer und beschneidet deren Rechte und Freiheiten.

Überzeugt von ihrer Wichtigkeit wertet sie die Meinungen anderer unabsichtlich (oder absichtlich) ab oder ignoriert sie kurzerhand. Schon die Art, wie diese Frau sich benimmt, wenn sie einen Raum betritt, scheint Unterstützung und Empathie abzustoßen und zum Konflikt aufzufordern – vor allem andere Frauen. Ihre Besessenheit von ihrer eigenen Agenda hat sie jedweder üblichen Höflichkeit und Liebenswürdigkeit beraubt. Kurz, die kraftvoll-aggressive Alpha hat noch nicht gelernt, wie man auf nette Weise mit anderen spielt. Für diese Frau heiligen die Zwecke fast jedes Mittel und sie ist bereit, andere vor den Bus zu schubsen, um ihren Willen durchzusetzen.

Wir alle laufen einer solchen Frau gelegentlich über den Weg und es ist leicht, dieses Verhalten als etwas abzutun, was die *anderen* Frauen an den Tag legen. Obwohl es wahrscheinlich zutrifft, dass die meisten von uns in der Regel vor solchen extremen Kapriolen zurückschrecken, müssen wir, wenn wir ehrlich sind, zugeben, dass auch wir schon ein- oder zweimal so weit gegangen sind. Wir haben unsere innere kraftvolle Alpha auf irgendeine arglose Person gehetzt, vielleicht nicht ganz so aggressiv wie Miranda Priestly, aber trotzdem aggressiv.

Ab und zu überschreiten wir die Grenze von stark und selbstbewusst zu dominant und aggressiv. So schnauzen wir vielleicht nach einem stressigen Tag bei der Arbeit die Verkäuferin im Supermarkt wegen ihres Schneckentempos an. Oder vielleicht versucht unser Partner, witzig zu sein, nervt uns aber nur, so dass wir ihn in scharfem Ton anfahren. Vielleicht ist eine Kollegen bei einem Meeting nicht bei der Sache und wir funkeln sie wütend an, um ihr zu verstehen zu geben, dass sie sich gefälligst am Riemen reißen soll.

Manchmal ist es der Galleton unserer Stimme oder der »tödliche« Blick, den wir abschießen, der anderen deutlich macht, dass sie sich zurückziehen oder schneller in die Gänge kommen sollen. Weil diese Formen unseres schikanösen Verhaltens noch relativ subtil sind, registrieren wir sie auf unserem Radar vielleicht nicht als aggressiv. Aber wir sollten vorsichtig sein, bevor wir die kraftvolle Alpha als »*Ich* bin nicht so« abhaken. Es gibt überraschend viele starke, erfolgreiche Frauen, die zum Verhalten dieser Alpha-Bitch neigen – Sie selbst vielleicht eingeschlossen.

Wenn Sie sich fragen, wie viel der kraftvoll-aggressiven Alpha in Ihnen steckt, beantworten Sie die folgenden Fragen.

Die kraftvoll-aggressive Femme Fatale – wie viel dieser Alpha steckt in Ihnen?

Kreuzen Sie jeweils die Aussage an, die am ehesten auf Sie zutrifft:

1. Wenn Ihr Ehemann zugibt, dass er Mühe hat, eine Renovierungsarbeit am Haus fertig zu bekommen, auf die Sie sich schon seit Wochen gefreut haben, …

   A versuchen Sie, das Problem zu verstehen, damit Sie gemeinsam mögliche Lösungen erarbeiten können.

   B lassen Sie Ihre angestaute Wut an ihm aus, weil er unfähig ist, eine Aufgabe erfolgreich auszuführen.

   C hören Sie sich seine Sorgen an und fragen, was Sie tun können, um zu helfen.

   D kommen Sie auf Hochtouren – Sie werden die Sache selbst in die Hand nehmen müssen!

2. Auf einer Personalbesprechung trägt eine Mitarbeiterin eine eindeutig unausgegorene Idee vor. Sie als Vorgesetzte …

   A erkennen die gute Absicht an und bieten praktisches Feedback.

   B bügeln den Vorschlag rigoros ab. Das hier ist kein Amateurtheater!

   C danken ihr freundlich für den Vorschlag, aber verdrehen die Augen gegenüber ihren Kollegen, um Ihr Missfallen kundzutun.

   D warten, bis das Meeting zu Ende ist und tadeln die Mitarbeiterin dann dafür, dass sie Ihnen die Idee nicht zunächst unter vier Augen unterbreitet hat.

3. Wenn Ihnen klar wird, dass Sie genau an dem Tag, an dem Sie für die Fahrgemeinschaft Ihrer Kinder eingetragen sind, bereits einen Termin haben, dann …

   A rufen Sie die andere Mutter an. Bestimmt wird sie Ihre Schicht übernehmen.

   B sagen Sie den Termin ab, damit Sie wie geplant die Kinder fahren können.

C erinnern Sie Ihre Freundin dezent daran, wie
oft sie ihr schon einen Gefallen getan haben,
bis sie versteht, dass sie Ihnen eine Gegenleis-
tung schuldet.

D sorgen Sie dafür, dass eine andere Person die
Kinder an diesem Tag fahren kann.

4. Sie sind mit Ihrem Ehemann auf einer Party und
hören, wie er über ein Thema redet, das Sie nicht
diskutieren möchten. Sie …

A wechseln geschickt das Thema und bitten ihn
leise, nicht über diese Sache zu sprechen.

B tun so, als würden Sie seine Hand halten, boh-
ren aber Ihre Fingernägel in seine Handfläche
und führen ihn zum Buffet, um ihm den
Marsch zu blasen.

C werfen ihm Ihren »vielsagenden Blick« zu und
hoffen, dass er ihn auffängt.

D lassen es gut sein und erklären ihm später, warum sie nicht möchten, dass er dieses Thema
öffentlich erörtert.

5. Wenn eine Mitarbeiterin bei einem zeitsensiblen
Projekt nur langsam vorankommt, …

A reden Sie unter vier Augen mit ihr, um die
Zielvorgaben zu klären und sie zu fragen, ob
sie Unterstützung braucht.

B machen Sie ihr Druck, auch wenn sie dadurch
wahrscheinlich weniger effektiv arbeitet.

C bitten Sie eine andere Mitarbeiterin einzu-
springen und ihre Hilfe anzubieten.

D übertragen Sie das gesamt Projekt auf einen
anderen Mitarbeiter.

6. Wie möchten Sie am liebsten von Ihren Freunden
gesehen werden? Als …
A liebenswürdig und fürsorglich.
B stark und direkt.
C kompetent und klug.
D taff und gebieterisch.

7. Wenn ihre 18-jährige Tochter (oder Nichte) ausgehen will und etwas trägt, das Sie für unange-
messen halten, …
A tun Sie das mit einem Achselzucken ab. Sie ist
jetzt erwachsen und kann selbst entscheiden,
was sie anzieht.
B sagen Sie ihr ehrlich, was Sie denken, und versuchen, einen Kompromiss zu finden.
C zeigen Sie Ihre Missbilligung durch eine
schroffe Bemerkung wie: »Wo bitte willst du
in *dem* Aufzug hin, junge Dame?«
D reden Sie Tacheles mit ihr. Entweder sie zieht
etwas anderes an oder sie geht nirgendwohin.

8. Sie scheren aus einer Parklücke aus, streifen mit
dem Kotflügel ein anderes Auto, das exakt zum
gleichen Zeitpunkt zurücksetzte. Sie steigen aus,
um den Schaden zu begutachten und …
A überzeugen sich davon, dass niemand verletzt
wurde.
B fragen sofort nach der Versicherung des anderen Fahrers; es war eindeutig sein Fehler.

C geben ihm Ihre eigenen Versicherungsdaten, lassen ihn aber wissen, dass Sie aufgrund seiner dilettantischen Fahrkünste zu spät zu einem wichtigen Termin kommen werden.

D lassen es gut sein, weil Sie eindeutig beide schuld waren.

9. Wenn eine Kollegin aus Ihrem Team eine Arbeit abliefert, die Ihrer Ansicht nach unter aller Kanone ist, …

A schicken Sie das Produkt zurück und sagen ihr, dass die Arbeit unakzeptabel ist. Sie haben einen Termin und keine Zeit, durch die Blume zu reden.

B machen Sie sich die Mühe, die Arbeit zu verbessern, und lassen die Mitarbeiterin wissen, dass Sie enttäuscht von ihren Bemühungen sind.

C erkennen Sie Dinge an, die sie gut gemacht hat, und formulieren so klar wie möglich, was der Korrektur bedarf.

D beschweren Sie sich bei Ihrem Vorgesetzten und fordern, dass die Mitarbeiterin von dem Projekt abgezogen wird.

10. Ihr Partner hat noch nicht ganz verstanden, was Ihnen im Bett gefällt …

A Sie beschließen, ihn geduldig und spielerisch anzuleiten.

B Sie lassen unauffällig eine zerfledderte Ausgabe von *Die Freuden des Sex* herumliegen.

C Sie warten bis zur nächsten Gelegenheit, bei
der Sie Sex haben, und weisen ihn dann Schritt
für Schritt an – wie ein Fluglotse, der einen Jet
in die Einflugschneise dirigiert.

D Sie sprechen in einem entspannten Moment, in
dem Sie sich nicht gerade die Kleider vom Leib
reißen, über Ihre Vorlieben und Abneigungen,
damit Ihr Partner empfänglich für Ihre Anre-
gungen und nicht in der Defensive ist.

Punkteschlüssel:
1. a-2, b-5, c-1, d-4 ✳ 2. a-1, b-5, c-3, d-4 ✳
3. a-5, b-1, c-3, d-2 ✳ 4. a-1, b-5, c-4, d-1 ✳
5. a-1, b-4, c-3, d-5 ✳ 6. a-1, b-3, c-2, d-5 ✳
7. a-1, b-2, c-4, d-5 ✳ 8. a-1, b-5, c-4, d-1 ✳
9. a-4, b-3, c-1, d-5 ✳ 10. a-1, b-3, c-5, d-2

Auswertung:
Zählen Sie die Punkte zusammen, die den Buchstaben Ihrer Antworten entsprechen.

Bis 20 Punkte: Ihnen ist klar, dass man mit Speck die
meisten Mäuse fängt, und Sie nutzen echte Stärke anstatt Zwang, um etwas zu bewirken.

21 bis 35 Punkte: Sie sind eine starke Frau, die andere
zum Handeln anspornen kann. Es ist jedoch höchstwahrscheinlich, dass Sie dabei auf einige Zehen treten
und dass Ihre Leistungen auf Kosten der Gefühle anderer Menschen gehen.

35-50 Punkte: Sie verwechseln wahrscheinlich Stärke
mit Druck und Kraftanstrengung. Auf kurze Sicht ge-

fällt Ihnen vielleicht die Tatsache, dass Menschen sich Ihrem Willen beugen, aber auf lange Sicht kann die Art, wie Sie mit anderen Menschen umgehen, eine Atmosphäre der Angst, Anspannung oder Einschüchterung erzeugen. Lesen Sie weiter, um zu erfahren, wie Sie durch die Ausrichtung am Gesetz des reinen Potenzials noch bessere Ergebnisse erzielen können, indem Sie die liebenswürdige Leichtigkeit und Anziehungskraft Ihrer weiblichen Seite nutzbar machen.

Pitbull oder Pudel: Gibt es eine dritte Möglichkeit?

Immer mehr Frauen gehen mit einer »Pitbull«-Haltung an ihre Ausbildung, ihren Beruf und sogar an ihr Leben heran. Auf offenkundige ebenso wie auf subtile Weise haben wir die Botschaft erhalten, dass nur die schonungslosen, taffen Frauen den verdienten Erfolg und Respekt ernten. Wenn wir Liebe wollen, müssen wir vielversprechende Optionen aggressiv verfolgen. Wenn wir erfolgreich im Beruf sein wollen, müssen wir die Konkurrenz platt walzen, um Karriere zu machen. Kurz: Wenn wir in dieser Welt irgendetwas erreichen wollen, sollten wir besser mit unseren Pfunden wuchern können wie ein Mann, denn »weich und weiblich« bringt uns vielleicht Rendezvous ein, aber nicht den Posten in der Vorstandsetage. Wir scheinen keine andere Wahl zu haben, als entweder der Pitbull zu sein, der kriegt, was er will, oder der Pudel, der niedlich und knuffig ist, aber nicht den Biss hat, um sich durchzusetzen.

Wir alle kennen zweifellos genügend hyperaggressive Frauen, die sich mit Gewalt nehmen, was sie wollen. Man kann über sie sagen, was man will, aber sie scheinen auf jeden Fall Prestige und Macht zu haben. Wir kennen auch genügend »feminine« Frauen, wie unsere süße Tante Marga und vielleicht die reizende Büchereileiterin in der Grundschule. So nett sie sein mögen, sie scheinen nicht den Einfluss zu haben, den wir uns wünschen.

Wenn wir versuchen, das Bild einer Frau zu beschwören, die stark *und* feminin ist, haben wir sehr wahrscheinlich kein Glück. Unsere Unfähigkeit, die männliche und weibliche Seite in uns zu verbinden, hängt damit zusammen, dass wir keine klare Vorstellung davon haben, was es wirklich bedeutet, eine selbstbestimmte Frau zu sein, die sich ihrer femininen Stärke bewusst ist, und da uns eine solide Definition fehlt, verwechseln wir Stärke mit Aggressivität.

Stärke versus aggressive Kraft

Energetisch gesprochen ist wahre Stärke etwas, das in unserem Innersten angesiedelt ist – eine ruhige Stärke, die aus uns selbst kommt. Wenn wir uns unserer inneren Stärke gewahr sind, fühlen wir uns in jeder Situation entspannt und gelassen, sind offen für alle Möglichkeiten und zufrieden damit, wenn andere die Führung übernehmen. Wir wissen um unsere eigene Autorität, um unsere Fähigkeit, die Ergebnisse, die wir wünschen, anzuziehen. Stärke ist ein Gefühl innerer Gewissheit, das alle bedeutenden Führungskräfte besitzen. Wie ein klares, starkes Funksignal ist der Zustand echter Selbststärkung ein starker Anziehungspunkt. Die ganze Welt erhält unser Signal und reagiert sofort und ohne Störungen darauf.

Aggressive Kraft hingegen ist etwas, mit dem wir um uns werfen, um zu bekommen, was wir wollen. Es erzeugt ein Energiefeld der Verzweiflung, Angst und Turbulenz. Wenn wir in diesem Zustand sind, wird unser Atem flach, unsere Schultern verspannen sich und unsere Gedanken sind in alle Richtungen verstreut. Und obwohl man aggressive Stärke und echte innere Stärke auf den ersten Blick leicht verwechseln kann, erkennt man den Unterschied daran, wie unsere Handlungen auf andere Menschen wirken. Wenn wir im Alpha-Bitch-Modus operieren, richten wir unsere harte, fordernde Energie wie eine Massenvernichtungswaffe auf unsere Mitmenschen. Und ganz gleich, wie loyal oder geduldig die Person sein mag, die unseren Zorn abbekommt, ist es fast unmöglich angesichts eines solchen Angriffs nicht defensiv zu reagieren. David R. Hawkins gibt in seinem Buch *Power Versus Force: The Hidden Determinants of Human Behavior* (*Die Ebenen des Bewusstseins: Von der Kraft, die wir ausstrahlen*) eine klare Beschreibung der zwischenmenschlichen Dynamik, die durch die Ausübung von Zwang und Gewalt ausgelöst wird: Druck erzeugt immer Gegendruck; die Wirkung ist polarisierend, nicht einend. Polarisierung bedeutet immer Konflikt und hat von daher immer einen hohen Preis. Da Gewalt eine Polarisierung auslöst, erzeugt sie unweigerlich eine Spaltung in Sieg und Niederlage, und da immer irgendjemand verliert, schafft man sich immer Feinde. Da man ständig mit Feinden konfrontiert ist, muss man sich ständig verteidigen. Ständig in der Defensive zu sein ist unweigerlich kostspielig – ob in der Wirtschaft, in der Politik oder in internationalen Beziehungen.[2]

Die tyrannischen und »bösen« Frauen scheinen vielleicht die Kontrolle über eine Situation zu haben, aber wenn man sich ihre Taktiken genauer anschaut, erkennt man, dass Unsicherheit und Angst hinter der Fassade der taffen Frau stecken und dass ihre sogenannte Dominanz durch schiere Kraftanstrengung zusammengehalten wird. Wahre Stärke ist ebenso freundlich wie stark und erfordert keine brutale Zurschaustellung des eigenen Durchsetzungsvermögens, um sich selbst zu beweisen. Wie Margaret Thatcher so wortgewandt formulierte: »Mit dem Starksein ist es wie mit dem Dame-Sein. Wenn du den Leuten sagen musst, dass du's bist, bist du's nicht.«

Wir wollen keineswegs leugnen, dass die spontane Adrenalinausschüttung, die mit aggressiven Kraftaufwendungen einhergeht, einen gewissen Kick gibt. Anfangs verleiht es uns ein Gefühl von Stärke und Verantwortung, wenn wir die Kontrolle über eine Situation übernehmen. Aber der Versuch, einen Zustand authentischer Stärke aufrechtzuerhalten, indem man Zwang oder Druck ausübt, ist ein bisschen, als würde man zu Zucker greifen, um dauerhaft Energie aufzubauen. Das puscht uns kurzfristig, aber schließlich brechen wir zusammen. Genauso wie in Zucker kein echter Nährwert steckt, birgt auch das Niederpflügen anderer, um zu bekommen, was wir wollen, keine dauerhafte Befriedigung. Es funktioniert vielleicht kurzfristig, aber es fordert einen hohen Preis von uns und untergräbt die Sicherheit, das Vertrauen

Anfangs verleiht es uns ein Gefühl von Stärke und Verantwortung, wenn wir die Kontrolle über eine Situation übernehmen. Aber der Versuch, einen Zustand authentischer Stärke aufrechtzuerhalten, indem man Zwang oder Druck ausübt, ist ein bisschen, als würde man zu Zucker greifen, um dauerhaft Energie aufzubauen.

und das persönliche Verantwortungsbewusstsein und damit die Grundlage für den Aufbau guter Beziehungen.

Mehr Schwanzwedeln, weniger Bellen

Vielleicht haben Sie schon festgestellt, dass die aggressive Herangehensweise ans Leben nicht ganz so stark macht oder effektiv ist, wie es scheint. Sicher, wie können uns durch unsere Aufgaben boxen, aber am Ende fühlen wir uns erschöpft, angespannt und überreizt. Ja, wir bringen andere vielleicht mit Ellbogenkraft dazu, zu tun, was wir wollen, aber sind unsere Beziehungen so unterstützend, wie wir sie uns wünschen würden? Wir können unsere Schroffheit rechtfertigen, indem wir sie als Stärke betrachten – als die Fähigkeit, »alles auf die Reihe zu kriegen« –, aber wenn unser arrogantes, anmaßendes Verhalten verhindert, dass andere unsere Gesellschaft genießen oder schon beim Klang unserer Stimme zusammenzucken, dann arbeitet dieser aggressive Ansatz eindeutig gegen uns und ist weniger effektiv als ein weiblicherer Ansatz.

Die kraftvoll-aggressive Alpha in der Arbeitswelt

Wer je für eine Chefin gearbeitet hat, die ihre Mitarbeiter von oben herab behandelt, sie beleidigt, einschüchtert oder herumkommandiert, weiß, dass diese Verhaltensweisen nicht unbedingt zur Kreativität oder Kooperation anregen. Die Ausübung von Druck und Zwang bei der Arbeit schafft eine Atmosphäre der Angst und Einschüchterung, die jeden Funken Loyalität oder Goodwill auslöscht. Auch die stärksten Mitarbeiter und Kollegen werden derart heruntergezogen, dass sie ihre anfängliche Motivation verlieren und nur noch die Mindestanforderungen erfüllen. Wenn es keine Kultur des gegenseitigen Respekts gibt, fühlt sich niemand dazu veranlasst, sich nach Kräften zu engagieren oder sein Bestes zu geben. Vielleicht redet man auch heimlich hinter dem Rücken der Chefin über sie oder setzt ganz offen alles daran, ihre Ziele zu sabotieren. Auf die eine oder andere Weise werden sie eine Möglichkeit zur Revolte finden.

Wenn die Chefin es sich hingegen zur Gewohnheit macht, hervorragende Leistungen, Pünktlichkeit und bei weniger herausragenden Ergebnissen sogar gute Absichten anzuerkennen, werden andere ihr ebenfalls Respekt zollen und wirklich motiviert sein, sich für sie ins Zeug zu legen, nicht aus Furcht, sondern weil es ihnen ein echtes Bedürfnis ist. Und wenn sie doch einmal die Aufmerksamkeit auf eine Schwäche lenken muss, werden Mitarbeiter und Kollegen empfänglicher für das Feedback sein, weil sie darauf vertrauen, dass sie es auf faire und respektvolle Weise tut.

Bitch-Tipp für kraftvoll-aggressive Alphas in der Arbeitswelt

Denken Sie daran, dass es ein grundlegendes menschliches Bedürfnis ist, für geleistete Arbeit gelobt zu werden. Statt im Büro die Rolle der Einpeitscherin zu übernehmen, sollten Sie auf Möglichkeiten achten, wie Sie Ihre Wertschätzung steigern können. In den meisten, wenn nicht in allen Fällen kommt man mit Zuckerbrot weiter als mit der Peitsche.

Die kraftvoll-aggressive Alpha in Beziehungen

Der Mann, der sich auf eine Partnerschaft mit einer kraftvoll-aggressiven Alpha-Frau einlässt, kommt sich leicht als Pantoffelheld vor. Ja, unsere kratzbürstige Aggressivität war am Anfang vielleicht amüsant und aufregend, aber wenn er sich durch unsere Stärke seiner Individualität oder Männlichkeit beraubt fühlt, wird er selbst die Person, die er in unserer Gegenwart wird, allmählich nicht mehr leiden können. Und die meisten Männer sind auch nicht ausgesprochen wild darauf, mit einer Tyrannin ins Bett zu hüpfen, die ständig Anweisungen erteilt und Befehle brüllt. Tatsächlich fühlen sie sich ganz gern als »ganze Männer« (wer hätte es gedacht) und genießen es nicht besonders, wenn ihre Männlichkeit durch den Fleischwolf gedreht wird. Unsere Partner werden uns nie die ersehnte Liebe, Aufmerksamkeit und Zärtlichkeit geben, solange wir sie von ihnen einfordern.

Eine Beziehung, die auf gegenseitigem Respekt und auf Gleichheit basiert, lässt sich nicht mit Gewalt erzwingen. Sicherlich kann jede aggressive Alpha-Frau ihren Partner dazu zwingen, ihr mehr Aufmerksamkeit zu schenken und mehr Pflichten im Haushalt zu übernehmen. Doch wenn wir unsere Präferenzen mit Respekt und Rücksichtnahme zum Ausdruck bringen, bekommen wir unter Umständen nicht nur unge-

Wenn wir sensibel und taktvoll mit unserem Partner umgehen, anstatt aggressiv und fordernd auf ihn loszugehen, stellen wir vielleicht überrascht fest, wie leicht wir seine Liebe und seinen Respekt wecken.

fragt ein aufgeräumtes Haus, sondern sehen auch wieder
das alte Strahlen in seinem Blick. Wenn wir sensibel und
taktvoll mit unserem Partner umgehen, anstatt aggressiv
und fordernd auf ihn *loszugehen*, stellen wir vielleicht
überrascht fest, wie leicht wir seine Liebe und seinen Respekt wecken. Das erfordert Achtsamkeit und Übung, aber
die Ergebnisse sind die Mühe wert. Frederick fand in den
Anfängen seiner Beziehung zu Christy ein nicht provoka-
tives Mittel, um sie bei dieser Veränderung zu unterstützen: Als ich Frederic kennenlernte, nannte er mich immer
»Corporate Christy«, sobald er das Gefühl hatte, dass ich
zu arrogant oder aggressiv auftrat. Ich habe recht schnell
kapiert, dass Frederick das Gebäude verließ, sobald »Corporate Christy« im Haus war – wenn nicht körperlich,
dann zumindest emotional. Der kleine Spitzname dient als
Wink mit dem Zaunpfahl für mich, einen Gang zurückzu-
schalten und mich etwas freundlicher aufzuführen. Und
sobald ich respektvoll und liebevoll bin, fühlt er sich fast
ausnahmslos sofort zu mir hingezogen – macht mir Komplimente, ist aufmerksam und bietet seine echte Unterstützung an. Der alte Spruch stimmt schon: Mit Speck fängt
man tatsächlich mehr Mäuse!

Bitch-Tipp für die kraftvoll-aggressive Partnerin

Denken Sie daran: Einschüchterung und rohe Gewalt führen vielleicht dazu, dass Ihr Partner sich Ihrem Willen beugt, aber nur Respekt und echte
Freundlichkeit werden ihn dazu anregen, sich von
seiner besten Seite zu zeigen.

Die kraftvoll-aggressive Alpha als Mutter

Im Umgang mit unseren Kindern führt die Ausübung von Zwang zu Machtkämpfen und bewirkt, dass wir unsere Objektivität, unser Gleichgewicht und letztlich unsere Autorität verlieren. Als Eltern fürchten wir mitunter, dass unsere Kinder uns auf der Nase herumtanzen und uns schikanieren, wenn wir nicht streng und dominant sind. In Wahrheit verlieren wir nichts von unserer Autorität, sondern gewinnen die Liebe und den Respekt unserer Kinder, wenn wir ihnen den Freiraum lassen, ihre Ansichten zu äußern.

> *In Wahrheit verlieren wir nichts von unserer Autorität, sondern gewinnen die Liebe und den Respekt unserer Kinder, wenn wir ihnen den Freiraum lassen, ihre Ansichten zu äußern.*

Kinder, denen das Recht verwehrt wird, ihre Meinung oder ihre Gefühle zum Ausdruck zu bringen – denen man Vorträge hält, anstatt mit ihnen zu reden –, haben es schwerer, ein starkes Selbstgefühl zu entwickeln. Sie werden entweder die Aggressivität erwidern oder sich geschlagen geben und in sich selbst zurückziehen oder auch schlicht jede Kooperation verweigern, weil sie uns diesen Ansatz einfach verübeln.

Rebecca, die zwei wunderbare Kinder großgezogen hat, einen 23-jährigen Sohn und eine 19-jährige Tochter, hat einiges darüber gelernt, wie man Kinder motiviert und gleichzeitig ihre Individualität respektiert: Was ich 100-prozentig weiß, ist, dass *Forderungen immer Widerstand auslösen*. Mein Sohn stellte sich jedes Mal auf die Hinterbeine, wenn ich ihm mit dem Verhalten der kraftvollen

Alpha kam. Sogar wenn er im Prinzip mit meiner Forderung einverstanden war, machte sein sich entwickelndes
Ego es ihm einfach unmöglich nachzugeben, solange ich
brüllte, drohte oder ihn einschüchterte. Doch es gab einen
Trick, der jedes Mal funktionierte – Freundlichkeit. Im
nettesten Ton (wenn auch gelegentlich durch zusammen-
gebissene Zähne) fragte ich: »Hey, könntest du bitte dein
Zimmer aufräumen, bevor wir essen? Ich wäre dir wirklich sehr dankbar.« Das wirkte Wunder. Und als ich nicht
mehr ständig an ihm herumnörgelte oder mit ihm
schimpfte, hatten meine Worte dann, wenn ich wirklich
einmal meine Autorität herauskehren musste, viel mehr
Wirkung.

Bitch-Tipp für kraftvoll-aggressive Alpha-Mütter

Ein bisschen Freundlichkeit kann bei Kindern Wunder wirken. Wenn es Ihnen gelingt, eine respektvolle
Bitte und keine *Forderung* zu äußern, regen Sie das
Kind zur Kooperation an, anstatt seinen Widerstand
zu wecken. Kinder lernen durch Vorbilder. Behandeln Sie Ihre Kinder mit Respekt und Höflichkeit, so
wächst die Wahrscheinlichkeit, dass sie andere Menschen – einschließlich ihrer Mutter – ebenso behandeln.

Die kraftvoll-aggressive Alpha als Freundin

Auch zwischen Freundinnen kann zu viel dominierende Energie zu einigen ziemlich explosiven Situationen führen. Stecken Sie zwei oder mehr kraftvolle Alphas zusammen in denselben Raum, fügen Sie ein paar Cocktails und dann noch ein leicht kontroverses Gesprächsthema hinzu, und sie werden wahrscheinlich genug Drama produzieren, um mit jeder Reality-TV-Sendung konkurrieren zu können. Diese leicht entzündliche Mischung mag für prima Einschaltquoten sorgen, doch der kraftvollen Alpha raubt sie die Möglichkeit, tatsächlich unterstützende und vertrauensvolle Beziehungen mit anderen Frauen aufzubauen, und schränkt ihre Auswahl an Freundinnen drastisch ein.

Bitch-Tipp für kraftvoll-aggressive Alpha-Freundinnen

Üben Sie sich gelegentlich zurückzunehmen, wenn Sie mit Ihren Freundinnen zusammen sind. Sie müssen das Gespräch nicht immer beherrschen oder ihnen Ihren Rat aufdrängen. Teilen Sie das Rampenlicht, indem Sie eine Freundin fragen, wie ihr Tag war und ihr zuhören, ohne zu einem ausgedehnten Vortrag über Ihre eigenen Erlebnisse anzusetzen. Denken Sie daran, dass Ihre Meinung nicht die einzig gültige ist und Ihre Ansichten nicht zwangsläufig von allen geteilt werden. Je mehr Sie den anderen die Führung überlassen, desto respektierter werden sie sich fühlen und desto stärker wird das Band der Freundschaft werden.

Selbstbestimmte Frauen wollen mit arroganten und aggressiven Menschen nichts zu tun haben. Von daher endet die kraftvolle Alpha entweder in der Gesellschaft sanftmütiger Frauen, die sich ihrem Willen beugen, sich aber nicht sicher genug fühlen, um eine echte Beziehung herzustellen, oder sie kriegt sich ständig mit anderen kraftvoll-aggressiven Alphas in die Wolle. So oder so entgeht ihr der Trost, die Kameradschaft und das Vertrauen echter Freundschaft, die nur in einer Atmosphäre des Respekts und der Gleichheit entstehen kann.

Hunde, die bellen ...

Ob bei der Arbeit, in privaten Beziehungen oder gegenüber Freundinnen – das beinharte Verhalten ist nur eine Fassade, hinter der wir unsere Unsicherheiten und inneren Zweifel verbergen. »Krieg sie, bevor sie dich kriegen«, ist das Motto, das unser dreistes Verhalten antreibt. Wir stürmen in Angriffshaltung durchs Leben, pflügen jeden nieder, der sich uns in den Weg stellt, nicht weil wir uns echt kraftvoll und befähigt fühlen, sondern weil wir glauben, dass aggressive Durchsetzungskraft das einzige Mittel ist, durch das wir uns den Respekt anderer verdienen oder unseren Selbstwert beweisen können. Kurzum:

* Wir haben Angst, dass andere uns nie respektieren, wenn wir den Respekt nicht einfordern.
* Wir machen uns Sorgen, dass uns niemand hört, wenn wir uns nicht lautstark und unverblümt zu Wort melden.
* Wir fürchten, dass wir als schwach und erfolglos gelten, wenn wir bei einem Streit einlenken.

* Wir haben schreckliche Angst, dass andere uns ausnutzen, wenn wir in unserer Wachsamkeit nachlassen.

Die Unsicherheiten und Selbstzweifel bringen uns zu falschem Draufgängertum und dazu, anderen unseren Willen aufzuzwingen. Wir treiben uns unablässig dazu an, mehr zu tun, mehr zu sein und mehr zu leisten, um uns selbst und anderen zu beweisen, wie wertvoll wir sind. Doch auch wenn es uns gelingt, andere durch unser Gebell einzuschüchtern oder eine überzeugende Fassade aufzubauen, ist es unsere innere Schwingung und nicht unsere *äußere* Verhaltensweise, die wie ein Magnet alle Erfahrungen in unser Leben zieht. Ganz gleich, wie gut wir es verbergen: Wenn wir unseren Willen benutzen, um Ereignisse zu erzwingen, ziehen wir unsere Lebenserfahrungen nicht durch Vertrauen und innere Stärke an, sondern durch Furcht und Zweifel. Wir strahlen Energien des Misstrauens und der Verzweiflung aus, die genau die Ergebnisse, die wir zu erreichen suchen, abstoßen. Furcht, Druck und Anspannung sind gebrochene, disharmonische Schwingungen, die den kreativen Prozess zum Stillstand bringen. Alles, was durch eine Schwingung des Drucks oder Zwangs in Gang gesetzt wird, wird nicht zu den erwünschten Ergebnissen führen.

Von anderen Autoren, die sich an die Mammutaufgabe machten, ein Buch zu schreiben, haben wir gehört, dass man sie gebeten hat, selber direkte Erfahrungen mit ihrem Thema zu sammeln, damit sie alles darüber wissen. (Sie hätten einmal sehen sollen, wie unsere Krallen wuchsen und die Fetzen flogen, als wir unser Buch über feminines Wettbewerbsdenken verfassten!). Als wir uns in die Arbeit für *Die Alpha-Bitch zähmen* vertieften, boten sich viele Gelegenheiten, diese Prinzipien genauer zu erforschen und unsere eigenen Ratschläge auszuprobieren.

Bei mehr als einer Gelegenheit führte eine unvermeidliche Unebenheit auf dem Weg dazu, dass eine von uns oder wir beide uns in den Alpha-Bitch-Modus hochschraubten und versuchten, die Herausforderung mit Brachialgewalt in Angriff zu nehmen. Und natürlich kam der kreative Prozess jedes Mal, wenn wir das taten, zum absoluten Stillstand. Dann erinnerten wir uns gegenseitig daran, den männlichen Ansatz aufzugeben und anstatt zu versuchen, uns durch die anstehende Aufgabe hindurchzukämpfen, wieder mit unserer weicheren, weiblicheren Natur in Kontakt zu kommen. Wir atmeten beide tief durch und stimmten uns auf unsere innere feminine Stärke ein, die uns sofort mit der unbegrenzten kreativen Energie der ganzen weiten Welt verband.

Sobald wir das Vertrauen in unsere eigenen kreativen Fähigkeiten und die Gewissheit, dass uns alle notwendigen Ressourcen in jedem Augenblick zur Verfügung standen, entwickelten, fühlte sich der Prozess ausnahmslos nicht mehr so beängstigend an und es gab kleine Anzeichen dafür, dass wir auf dem richtigen Weg waren. Die Ideen fingen an zu sprudeln, das passende Informationsdetail landete in unserem Posteingang, eine Freundin rief an, um uns aufzuheitern, oder eine Klientin berichtete von einem Erfolgserlebnis.

Wir greifen nur zu roher Gewalt, wenn wir vergessen, dass wir alle notwendigen Ressourcen zur Erreichung unserer Ziele in uns tragen. Wie wir im Laufe der Arbeit an diesem Buch immer wieder feststellten, gibt es glücklicherweise eine direktere und effizientere Methode, um unsere gesamte kreative Stärke zu erschließen, und zwar indem wir ihre innere, unbegrenzte und universelle Quelle anzapfen.

Das Gesetz des reinen Potenzials

Das Gesetz des reinen Potenzials geht davon aus, dass reines, unbegrenztes Bewusstsein das Wesen dessen ist, wer und was wir sind, und der Ursprung aller Schöpfung. Alles, was wir um uns herum sehen, und jedes Ergebnis, das wir heute erzielen, bestand zunächst als Möglichkeit, als Potenzial: Alles war reines, unverfälschtes Potenzial, bevor es sich manifestierte und in physischer Form zum Ausdruck kam.

Denken Sie einen Moment lang über die Bedeutung dieser Tatsache nach. Die Intelligenz, durch die alles in unserer Welt entstanden ist und entsteht, ist ein Teil jedes Menschen – *ist* tatsächlich dieser Mensch. Reines Potenzial ist das Feld aller bestehenden Möglichkeiten und die Quelle allen spirituellen, emotionalen und materiellen Reichtums. Es kennt keine Grenzen, und wenn wir innerlich mit dieser wesentlichen Lebensenergie verbunden sind, haben wir sofortigen Zugriff auf alle Ressourcen und kreativen Kräfte, die wir brauchen, um all unsere Träume zu erfüllen. Wie Deepak Chopra in seinem Buch *Seven Spiritual Laws of Success (Die sieben geistigen Gesetze des Erfolgs)* erklärt: »Wenn wir erkennen, dass unser wahres Selbst ein reines Potenzial ist, sind wir eins mit der Kraft, die alles im Universum manifestiert.«[3]

Napoleon Hill brachte die unermessliche Macht dieses universellen Gesetzes zum Ausdruck, als er in seinem bekannten Buch *Think and Grow Rich (Denke nach und werde reich)* darauf hinwies, dass das menschliche Bewusstsein alles erreichen kann, was es sich vorzustellen vermag.«

Der Zugriff auf das reine Potenzial hilft uns, das Bedürfnis, etwas durch schiere Kraftanwendung erzwingen zu wollen, zu unterdrücken. Wenn wir wissen, dass wir

Wenn wir uns an dem Gesetz des reinen Potenzials orientieren, erkennen wir, dass unsere größten Errungenschaften und Erfolge nicht durch die männlichen Energien des Strebens, Drängens, der Anstrengung und Kraft zu uns kommen, sondern durch die fließenden, anziehenden femininen Eigenschaften der Leichtigkeit und Anmut.

aufs Engste mit diesen grundlegenden Ressourcen verbunden sind, löst sich unsere Angst auf, und in jenen Teilen unseres Lebens, die vorher durch Angst getrieben wurden, stellt sich ein Gefühl der Leichtigkeit ein. Wenn wir uns an dem Gesetz des reinen Potenzials orientieren, erkennen wir, dass unsere größten Errungenschaften und Erfolge nicht durch die männlichen Energien des Strebens, Drängens, der Anstrengung und Kraft zu uns kommen, sondern durch die fließenden, anziehenden femininen Eigenschaften der Leichtigkeit und Anmut.

Goldie Hawn ist ein wunderbares Beispiel für eine anmutige, weibliche Frau, die gleichzeitig stark und extrem erfolgreich ist. Die anerkannte Schauspielerin, Regisseurin und Produzentin, deren Karriere fünf Jahrzehnte umfasst, hat zahlreiche Preise, einschließlich eines Oscars und eines Golden Globe, erhalten. Seit 1983 lebt sie in einer glücklichen Partnerschaft mit dem Schauspieler Kurt Russell (und wir alle wissen, dass eine 25-jährige Beziehung gemessen an Hollywood-Standards eine ziemliche Leistung ist) und hat drei wunderbare starke und erfolgreiche Kinder großgezogen. Wenn sie zusammen mit ihrem Mann interviewt wird, ist seine Zuneigung unübersehbar. Die Menschen in Hollywood, die das Glück hatten, mit Goldie Hawn zusammenzuarbeiten, haben den allergrößten Respekt vor ihr und sind voll des Lobes für sie. Betrachtet man ihr Leben von außen, scheint sie wirklich alles erreicht zu haben: Sie ist klug, charmant, stark und bekanntlich extrem erfolgreich. Wir sind fest überzeugt, dass es genau diese starke weibliche Anziehungskraft war, die all die Liebe, den Reichtum und die Vitalität, über die sie verfügt, angezogen hat. Möge diese innere Stärke weiterhin mit dir sein, Goldie!

Wenn wir lernen, den Quell der femininen Stärke anzuzapfen, die in uns liegt, erzeugen wir mehr inspirierende Ergebnisse mit mehr Freude und weniger Anstrengung. Wir haben immer noch den Drang und die Entschlossenheit, unsere Ziele zu verwirklichen; wir wissen, dass wir sie erfolgreicher umsetzen können, wenn wir *innere Stärke zum Ausdruck bringen*, anstatt *äußere Kraft auszuüben*. Warum sollten wir schließlich auf Batterien laufen, die ständig ausgetauscht werden müssen, wenn wir die Fähigkeit haben, uns direkt an eine unbegrenzte Energiequelle anzuschließen? Die folgende Tabelle illustriert die tiefgreifende Veränderung, die möglich wird, wenn wir es aufgeben, unsere Ziele durch Kraftakte und äußere Machtdemonstrationen zu erzwingen, und stattdessen das Gesetz des reinen Potenzials für uns arbeiten lassen.

	Wenn wir Kraft anwenden	**Wenn wir Stärke verkörpern**
Wie wir das Leben wahrnehmen	* schwierig und anstrengend * unbefriedigend * erfüllt von nie endenden Aufgaben	* leicht und mühelos * inspirierend * aufregend und von grenzenlosen Möglichkeiten erfüllt
Wie wir andere Menschen wahrnehmen	* zu überwindende Hindernisse * einschüchternd und bedrohlich * unterlegen und erschöpfend	* respektvoll * freundlich * klug und vertrauenswürdig
Wie andere uns wahrnehmen	* unsensibel * aggressiv und schroff * kritisch und herablassend * kleinlich * intolerant und anspruchsvoll	* selbstbestimmt und zugänglich * elegant und anmutig * zentriert * anziehend * zuversichtlich
Wie wir uns fühlen	* unter Druck und gestresst * frustriert * unruhig * unausgeglichen * überwältigt	* selbstbestimmt und kreativ * verbunden * entspannt * fokussiert * gelassen, stark und sicher

Innere Verbindung – der Schlüssel, der das Gesetz des reinen Potenzials wirksam macht

Wie können wir also mit Leichtigkeit unsere Wünsche erfüllen beziehungsweise das Gesetz des reinen Potenzials für uns wirken lassen? Zunächst müssen wir erkennen, dass wir, wenn wir ein Ziel haben – sei es ein neuer Job, ein Ehemann, ein höheres Gehalt oder einfach mehr Freude im Leben –, zwischen zwei möglichen Wegen wählen können, um das Gewünschte zu erreichen. Wir können den männlichen Ansatz wählen und zu Kraftakten ansetzen, um zu jagen und zu fangen, was immer wir erstreben. Oder wir können auf unsere weibliche Kraft und die unbegrenzte Energie des reinen Potenzials setzen, indem wir uns innerlich mit den erstrebten Ergebnissen in Einklang bringen. Bei diesem weiblichen Ansatz wenden wir uns nach innen, setzen Energie, nicht Anstrengung ein, um gleichsam magnetisch anzuziehen, was wir uns wünschen. Diese Methode klingt vielleicht irgendwie passiv und weniger effektiv als ein männlicher, nach außen fokussierter Ansatz; aber warum sollten wir uns abrackern und kämpfen, wenn es gar nicht nötig ist? Es ist genau dieser mühelose feminine Ansatz, den kluge Frauen wie Goldie Hawn zur Lebensgestaltung einsetzen.

Die Schaffung einer starken inneren Verbindung ist der schnellste Weg, um unsere individuellen Energien an der umfassenderen Intelligenz des allgemeinen

> *Wir können auf unsere weibliche Kraft und die unbegrenzte Energie des reinen Potenzials setzen, indem wir uns innerlich mit den erstrebten Ergebnissen in Einklang bringen.*

Ganzen auszurichten. Je stärker die Verbundenheit mit unserem inneren Selbst ist, desto weniger haben wir das Bedürfnis, uns aufzuspielen und den »starken Mann« zu markieren. Wenn wir in unserem tiefsten Innern wissen, dass uns die Kraft, die Welten erschafft, durchströmt, erkennen wir, wie albern es ist, unsere kostbare Energie mit dem Versuch zu verschwenden, Ereignisse erzwingen zu wollen. Wenn wir lernen, uns diese Kräfte zu erschließen, wird uns klar, dass wir keine isolierten Einzelwesen sind, die mit allen Mitteln um ein paar Krümel kämpfen müssen; wir sind Teil eines reichen Universums, in dem alles möglich ist, und es liegt in unserer Hand, diese Möglichkeiten Realität werden zu lassen. Die Alpha-Bitch geht mit Kraft und Kalkül ans Leben heran, die selbstbestimmte Frau, die sich ihrer inneren Kraft bewusst ist, geht mit magnetischer Anziehungskraft und mit Anmut vor.

> *Die Alpha-Bitch geht mit Kraft und Kalkül ans Leben heran, die selbstbestimmte Frau, die sich ihrer inneren Kraft bewusst ist, geht mit magnetischer Anziehungskraft und mit Anmut vor.*

Der weibliche Ansatz ist im Innern zentriert, seinsorientiert, kooperativ und kreativ, während die männliche Taktik äußerlich, handlungsorientiert, fokussiert und dominierend ist. Der männliche Ansatz erfordert eine Menge physischer, mentaler und emotionaler Anstrengung, während der weibliche Weg uns befähigt, mehr mit weniger Anstrengung zu erreichen. Denken Sie daran – entscheidend für die Ergebnisse, die wir erreichen, ist nicht das Ausmaß unserer Anstrengungen, sondern der Fluss unserer Energie. Der männliche Weg führt dazu, dass wir uns am Ende aggressiv, gereizt und erschöpft fühlen; die Verkörperung des Weiblichen reduziert die Turbulenzen in unserem Leben und ermöglicht uns, eine gewisse Anmut und Flexibilität zu bewahren, auch wenn die Dinge anders laufen als geplant. Der spirituelle Lehrer und bekannte Autor Eckhart Tolle sagt, wir finden keinen Frieden, indem wir unsere äußeren Lebensumstände verändern, sondern indem wir erkennen, wer wir in unserem tiefsten Innern sind.[4] Es gibt nur einen einzigen Weg, der zu dieser lebensverändernden Erkenntnis führt, und wir können ihn nur finden, indem wir unsere Aufmerksamkeit nach innen richten.

Indem wir unsere Aufmerksamkeit von der äußeren Welt der Besitz-

> *Denken Sie daran – entscheidend für die Ergebnisse, die wir erreichen, ist nicht das Ausmaß unserer Anstrengungen, sondern der Fluss unserer Energie.*

tümer und Leistungen abziehen und uns selbst in unserem inneren Machtzentrum verankern, verändert sich unsere Schwingung und Ausstrahlung von verzweifelt und intensiv zu klar, ruhig und fokussiert. Im Folgenden einige praktische Vorschläge, wie Sie diesen Wandel vollziehen können:

* Nehmen Sie sich täglich etwas Zeit, um allein und ungestört zu sein (während dieser Zeit könnten Sie zum Beispiel Tagebuch schreiben, das ist eine großartige Übung).
* Machen Sie einen Spaziergang. Der Frieden und die Schönheit der Natur werden eine innere Verbindung fördern.
* Meditieren Sie – wenn Sie nur ein paar Minuten täglich innere Ruhe finden, so kann das zutiefst revitalisierend wirken und Sie mit Ihrer Spiritualität verbinden.

Durch die Wendung nach innen fühlen wir uns nicht nur ruhiger und leichter, sondern finden auch Zugang zu unserer Intuition. Wir schließen uns diesem Teil von uns an, der weise und allwissend ist, dem Teil, der eins ist mit der größeren Intelligenz des Lebens. Das versetzt uns in die Lage, potenzielle Ärgernisse oder Umwege zu vermeiden, weil wir intuitiv spüren, welche Handlungen uns auf direktem Weg zu unseren erwünschten Zielen bringen. Wir bezeichnen das als *inspiriertes Handeln*, weil wir uns von unserem inneren Wissen und nicht von unserem Ego leiten lassen. Diese innere Basis gibt uns den Halt und die Sicherheit, die uns zu besseren Müttern, Partnerinnen, Geliebten und Freundinnen macht. Die Schwingung innerer Ruhe, die von uns ausgeht, wird von allem und jedem empfunden. Anstatt allein zu arbeiten und uns abzumühen, um die erwünschten Ergebnisse zu erzielen, fangen wir an, mit der Welt zu kooperieren, um das Wunder eines erfüllten Lebens zu verwirklichen. Die Herstellung einer festen inneren Verbindung führt einen neuen Rhythmus in unser Leben ein, der es den Dingen ermöglicht, ganz von allein, leicht und mit perfektem Timing an ihren richtigen Platz zu fallen. Wenn wir innerlich mit dem Feld grenzenloser Möglichkeiten verbunden sind, beginnt der Zauber zu wirken.

> *»Die Beherrschung anderer ist Macht.*
> *Sich selbst zu beherrschen ist wahre Stärke.«*
> Laotse

Die folgende Übung erleichtert es, diejenigen Überzeugungen zu erkennen, die Sie davon abhalten, Ihr authentisches und starkes Selbst zu entdecken.

Übung: Vom äußeren Kraftaufwand zum Ausdruck innerer Stärke

Nehmen Sie sich 20 Minuten Zeit für diese Übung und sorgen Sie dafür, dass Tagebuch oder Papier und Stift griffbereit liegen, damit Sie auftauchende Einsichten oder Handlungen festhalten können.

Denken Sie als Erstes an ein Erlebnis aus der jüngeren Vergangenheit zurück, als Sie sich tatsächlich dabei ertappt haben, dass Sie Zwang ausübten. Vielleicht war das ein Zwischenfall bei der Arbeit, mit Freunden oder Familienangehörigen oder in der Beziehung zu Ihrem Mann oder Ihren Kindern. Vergegenwärtigen Sie sich das Ereignis, so als würde es gerade jetzt in diesem Augenblick geschehen. Stellen Sie sich die an der Situation beteiligten Personen und die Umstände, die dazu führten, so lebendig wie möglich vor. Was haben Sie selbst gesagt oder getan? Wie haben die anderen auf Sie reagiert? Seien Sie so ehrlich wie möglich mit sich selbst und schreiben Sie alle Details auf, an die Sie sich erinnern können.

Ermitteln Sie, was Sie in jenem Augenblick empfunden haben. Erlauben Sie sich selbst, verletzlich zu sein und die zugrunde liegenden Ängste, Zweifel und Unsicherheiten zu fühlen, die Ihr brachiales Verhalten ausgelöst haben. Fragen Sie sich selbst: »Was habe ich befürchtet, was hätte geschehen können, wenn ich nicht die Führung übernommen oder mich nicht aggressiv verhalten hätte?« Erlauben Sie sich, die auftauchenden Antworten zu hören. Lassen Sie es zu, dass Ihnen gewahr wird und dass Sie fühlen, wie *ent*machtend Zwang und Aggressivität letztendlich wirken.

Achten Sie jetzt auf die Gedanken, die zu den aufsteigenden Emotionen führten. Lassen Sie sich Zeit, um wirklich hinzuhören. Schreiben Sie so viele Gedanken wie möglich auf, ohne sie zu werten.

Gestatten Sie sich, hinter Ihre Gedanken zu schauen und zu der Grundüberzeugung vorzustoßen, die diese Gedanken ausgelöst hat. Seien Sie geduldig und lassen Sie es zu, dass die Überzeugung sich einfach von allein offenbart. Wie fühlen Sie sich, wenn Sie diese Überzeugung im Bewusstsein halten? Fühlen Sie sich klein und schwach, verängstigt oder verletzlich? Beschreiben Sie Ihre Erfahrung, während Sie die einschränkende Überzeugung aufdecken.

Fragen Sie sich selbst, durch welche neue Überzeugung Sie sich selbstsicherer und gestärkter fühlen könnten. Welche Aussagen, die zu einem selbstbestimmteren Verhalten führen würden, könnten Sie bestätigen? Probieren Sie die folgenden Statements aus und achten Sie darauf, wie Sie sich dabei fühlen:

* *Ich habe die notwendige Stärke und Kreativität, um meine Träume zu verwirklichen.*
* *Ich erreiche meine Herzenswünsche durch Leichtigkeit und Anmut. Meine Stärke kommt aus meinem Inneren.*
* *Ich bin Teil eines machtvollen und reichen Universums.*

Schreiben Sie Ihre neue Überzeugung in Ihr Tagebuch und verankern Sie sie tief in Ihrem Bewusstsein, indem Sie den Satz mehrmals laut aussprechen. Lassen Sie es zu, dass Sie die Bedeutung dieses neuen Statements voll in sich aufnehmen und sie zum Ausdruck bringen. Auch wenn Sie zuerst nicht wirklich daran glauben, wird es sich mit der Zeit zu Ihrer vorherrschenden Denkweise entwickeln.

Fragen Sie sich selbst, welche Handlungsschritte Sie ergreifen könnten – jetzt sofort oder in Zukunft –, um Ihre Verhaltensweisen an diesem neuen Glaubenssatz zu orientieren. Schreiben Sie alle Ideen auf, die Ihnen dazu in den Sinn kommen. Erlauben Sie sich, so zu fühlen, wie Sie fühlen würden, wenn Sie diese Schritte tatsächlich ausführen würden. Wären Sie selbstsicherer und kraftvoller? Zentrierter und entspannter?

Lassen Sie mit dem nächsten Atemzug bewusst und gezielt alle Gedanken oder Gefühle des Zwangs los und gestatten Sie sich, Ihre innere, selbstbestimmte Stärke zu spüren, während Sie Ihre neue Überzeugung aussprechen. Nehmen Sie sich vor, diese selbstbekräftigende Aussage häufig zu wiederholen und sich die Wahrheit des Statements bewusst zu machen. Lassen Sie sich ein paar Minuten Zeit, um dieses Gefühl auszukosten.

Bitch-Tipp

Wenn Sie sich dabei ertappen, dass Sie andere durch äußere Stärke und Zwang dominieren wollen, erinnern Sie sich daran, dass wahre Macht von innen kommt. Stellen Sie erneut eine innere Verbindung mit dieser unerschöpflichen Quelle her. Dann wird, was Sie zu erreichen suchen, von allein zu Ihnen hingezogen werden.

Kapitel 2
Die kontrollierende Alpha

Die kontrollierende Alpha ist leicht zu erkennen. Sie ist diejenige, die das Straßenfest in der Nachbarschaft organisiert, die Treffen der Bürgerinitiative leitet und die Route für den Wandertag der Klasse Ihres Kindes bereits zwei Monate im Voraus exakt durchgeplant hat. Wenn Sie abends ausgeht, wählt sie nicht nur das Restaurant aus und besteht auf einem ganz bestimmten Tisch, sondern schlägt sehr wahrscheinlich auch die Sitzordnung für alle Beteiligten vor. Im Supermarkt gibt sie Wildfremden gute Ratschläge für die empfehlenswertesten Produkte und wir erkennen sie von Weitem daran, dass ihre Familienmitglieder hinter ihr hertrotten, während sie vorneweg durch das Einkaufszentrum stürmt. Sie ist auch die Freundin, die wir anrufen, bevor wir eine wichtige Kaufentscheidung treffen oder ein Urlaubsziel auswählen. Sie ist die Frau, die alles weiß und an die man sich regelmäßig wendet, wenn man Rat und Anleitung braucht.

Tatsächlich ist die kontrollierende Alpha häufig unglaublich kompetent und erfindungsreich. Sie ist die Frau, die wir an unserer Seite haben möchten, wenn unser Schiff

untergeht, weil sie genau wissen wird, wo die Schwimm-
westen liegen und wie man sie aufpustet, damit sie
schnellstmöglich maximalen Auftrieb geben. Sie hat höchs-
te Ansprüche an sich selbst und andere, und obwohl sie
mitunter lästig sein und sich auch ausgesprochen herab-
lassend verhalten kann, können wir uns normalerweise
darauf verlassen, dass sie alle Aufgaben richtig und in Re-
kordzeit erledigt.

Die kontrollierende Alpha kann gnadenlos offen sein
und so hartnäckig für ihren Standpunkt eintreten, dass alle
anderen schließlich klein beigeben. Mitunter geht sie allerdings auch subtiler vor. Ein schneller missbilligender Blick
oder ein sarkastischer Einzeiler in genau dem richtigen Moment lässt beim Empfänger keinen Raum für Zweifel, dass
die kontrollierende Alpha alles am besten weiß. Wenn die
Leute die Botschaft nicht verstehen (oder noch schlimmer,
wenn sie sich weigern, ihrem Rat zu folgen), verstärkt sich
ihr kontrollierendes und manipulierendes Verhalten noch
weiter. Sie ist überzeugt, dass ihre Methode die richtige und
im Grunde auch die einzige Methode ist, um die Dinge auf
die Reihe zu kriegen. Ob sie wie ein anspruchsvoller Kom-
mandeur daherkommt oder es vorzieht, hinter den Kulis-
sen still die Fäden zu ziehen, die kontrollierende Alpha weiß, dass sich ihre Zähigkeit mit der Zeit auszahlen wird und dass ihre Freundin-nen, Familienmitglieder, Kinder und Arbeitskol-legen schließlich genau das tun werden, was sie will.

> *Ein schneller missbilligen-*
> *der Blick oder ein sarkasti-*
> *scher Einzeiler in genau*
> *dem richtigen Moment lässt*
> *beim Empfänger keinen*
> *Raum für Zweifel, dass die*
> *kontrollierende Alpha alles*
> *am besten weiß.*

Bei der Arbeit weiß die kontrollierende Alpha definitiv, wie der Hase läuft, und hat keine Scheu, ihre Meinung – ob gefragt oder ungefragt – zu äußern. Sie ist eine geborene Anführerin, die keine Angst hat, die Verantwortung zu übernehmen, insbesondere in einer Krise. Sie ist die Erste, die zugibt, dass ihre Arbeitsbelastung zu groß ist, dennoch fällt es ihr aufgrund ihres mangelnden Vertrauens in die Kompetenz der Kollegen sehr schwer zu delegieren. Wenn sie im Team arbeiten muss, ist es ihr fast unmöglich, nicht jeden Schritt bis ins kleinste Detail zu managen. Normalerweise sind ihre beruflichen Ziele außergewöhnlich ehrgeizig, sie ist fleißig und hält sich unter Umständen auch für unersetzlich. Sie erkennt allerdings nicht, wie ihr anmaßender Ansatz sie letztendlich von ihren Vorgesetzten und Untergebenen entfremdet.

In ihren Liebesbeziehungen ist die kontrollierende Alpha garantiert diejenige, die den Laden schmeißt. Sie bestimmt die Agenda und diktiert nicht nur, was das Paar tun wird, sondern auch wann, wie und mit wem. Trotz ihrer zahlreichen Talente sind Diplomatie und Kompromissbereitschaft Fremdwörter für sie. Sie fragt ihren Partner zwar unter Umständen pro forma um seine Meinung, schießt sie jedoch kurzerhand in den Wind, falls sie ihrer eigenen widerspricht. Über kurz oder lang kontrolliert sie seine Kleidung, seine Vorspeisen beim Menu, seine Freizeitaktivitäten und sogar, was er tut, wenn er mit seinen Kumpeln unterwegs ist. Durch ihr Verhalten und ihre Einstellung vermittelt die kontrollierende Alpha ihrem Partner die unmissverständliche Botschaft: »Du bist inkompetent und unzuverlässig; deshalb muss ich die Kontrolle übernehmen.« Das ist natürlich nicht gerade der Inbegriff einer für beide Seiten befriedigenden Partnerschaft; sie behandelt den Mann an ihrer Seite wie eines ihrer Kinder und beschwert sich dann, dass er sich kindisch benimmt.

Ihren Sprösslingen gegenüber ist die kontrollierende Alpha der Inbegriff einer »Über-Mutter«, wild entschlossen, den Kindern nicht von der Seite zu weichen und ihr gesamtes Verhalten zu steuern. Auf die eine oder andere Weise wird sie dafür sorgen, dass sie spuren – entweder indem sie unablässig Befehle brüllt oder die Märtyrerin spielt und Dinge sagt wie: »Ich habe deinetwegen 48 Stunden in den Wehen gelegen, und zwar ohne Schmerzmittel; da könntest du wenigstens deine Socken aufheben.« Sie weiß ganz genau, auf welche Knöpfe sie drücken muss, um die erwünschten Reaktionen bei den Kindern auszulösen, und darüber verpasst sie ihre Chance, ihren Kindern dabei zu helfen, zu starken, klugen und unabhängigen Erwachsenen heranzureifen.

In ihren Freundschaften hat die kontrollierende Alpha das Heft in der Hand. Sie gibt ihren Freundinnen Anleitung in allen Lebensfragen, angefangen beim passenden Restaurant bis hin zum passenden Rendezvous-Partner. Und sie erwartet (und besteht sogar darauf), dass ihre Empfehlungen befolgt werden, auch wenn niemand um ihren Rat gebeten hat. Sie ist die Freundin, die unsere privaten Kontakte regelt, hilft uns beim Aufräumen unserer Schränke und sagt uns, was wir anziehen, essen und lesen sollten. Zwar liegt ihr das Wohl ihrer Freundinnen aufrichtig am Herzen, aber sie mischt sich zu stark in deren Leben ein und reagiert dann mit Unverständnis, wenn Freundinnen auf Abstand zu ihr gehen oder schnippisch werden.

Um es ganz offen zu sagen: Es ist schwierig, mit der kontrollierenden Alpha-Bitch zusammenzuarbeiten, zusammenzuleben und zusammen zu sein.

Eine typische kontrollierende Alpha ist Miranda Hobbes, die Rechtsanwältin aus der TV-Serie *Sex and the City*. Ihre Freundinnen Carrie, Charlotte und Samantha nehmen ihre rigide, herrische Art in Kauf, obwohl sie manchmal recht schwer zu ertragen ist. Miranda ist sehr direkt und hat zu jeder Frage eine feststehende Meinung. Auch ihrem Ehemann Steve ist ihre Neigung zur Kontrolle nicht fremd. Tatsächlich hat Miranda sogar Mühe, sich während ihrer Flitterwochen zu entspannen und loszulassen. Sie ist so angespannt, weil sie nicht in ihrem Element ist – weit weg von ihrer Arbeit, ihrem Computer und ihrer kontrollierten Umgebung –, dass sie die Zeit mit ihrem Ehemann nicht genießen kann. In einer anderen Episode will Charlotte eine Babyparty veranstalten. Miranda stimmt widerstrebend zu, aber nur zu ihren eigenen Bedingungen: »Okay, aber kein Kitsch, mit Störchen oder so. Nur ein erwachsenes, würdevolles Essen mit Geschenken, die ich erst auspacke, wenn alle wieder weg sind. Keine Spiele, kein rindenloses Brot. Ich will Brathähnchen.« Charlotte erklärt sich mit allem einverstanden – sie hat Angst, es nicht zu tun. In einer späteren Folge explodiert ein Streit zwischen den Freundinnen, als Miranda ihre Ansicht über Carries Entscheidung, mit ihrem neuen Freund nach Frankreich zu ziehen, kundtut. Obwohl Miranda beruflich sehr erfolgreich ist, hindern ihre Rigidität und Kontrolle sie daran, sich wirklich an ihrem aufregenden Lebensstil, ihren großartigen Freundinnen und ihrem wunderbaren Ehemann und ihrem Kind zu erfreuen.

Die Frau im Spiegel

Bestimmt gibt es auch in Ihrem Leben einige kontrollierende Alphas – vielleicht zählen Sie sich sogar selbst dazu.
Dann bewahren Sie bloß die Ruhe: Wir sind unter Freundinnen! Sehen wir den Tatsachen ins Gesicht: Wenn wir im
kontrollierenden Alpha-Bitsch-Modus sind, fühlen wir uns
gezwungen, alles und jeden zu gängeln. Genauso wie Miranda müssen wir zu jeder – kleinen oder großen – Entscheidung, egal, ob sie uns selbst betrifft oder nicht, unseren
Senf dazugeben. Zweifellos haben wir von Freundinnen
und vielleicht sogar von Fremden schon wiederholt gehört,
dass wir zu kontrollierend sind – und die meisten von uns
geben es auch bereitwillig zu.

   Falls Sie sich fragen, wo Sie tatsächlich einzustufen sind,
beantworten Sie die folgenden Fragen:

Der Kontrollfreak – wie viel dieser Alpha steckt in Ihnen?

Kreuzen Sie jeweils die Aussage an, die am ehesten
auf Sie zutrifft:

1. Wenn eine Freundin eine Überraschungsparty für
   Sie geben würde – wie würden Sie wahrscheinlich
   reagieren?
   A Überrascht! Und zwar angenehm.
   B Zuerst ein bisschen verdattert, aber dann fä-
      hig, den Spaß mitzumachen.
   C Verärgert oder sogar gekränkt – Sie entschei-
      den selbst, wie und mit wem Sie Ihren Ge-
      burtstag feiern, vielen Dank!

D Eine Überraschungsparty! Blödsinn! Nicht einmal Ihre beste Freundin könnte das hinkriegen, ohne dass Sie es merken.

2. Sie werden bei der Arbeit einem Gruppenprojekt zugeteilt. Wie verhalten Sie sich?

A Sie tragen Ihre Ideen vor, zwingen sie anderen aber nicht auf.

B Sie halten sich an den Mehrheitsbeschluss, auch wenn Sie sicher sind, dass Ihre Methode die richtige wäre.

C Sie sagen, es ist okay für Sie, wenn andere die Führung übernehmen, fühlen sich aber extrem angespannt, weil sie die Zügel nicht selbst in der Hand haben.

D Sie ernennen sich selbst zur Projektleiterin, auch wenn Sie dadurch einige Leute auf die Palme bringen. Schließlich muss die Arbeit erledigt werden.

3. Angenommen, Sie finden heraus, dass Ihr Partner bei der anstehenden Wahl eine Partei wählen will, die Sie selbst nicht unterstützen …

A Sie geben sich alle Mühe, die abweichende politische Meinung zu verstehen.

B Sie akzeptieren seine Wahl, auch wenn Sie nicht damit einverstanden sind.

C Sie gehen detailliert auf all die Gründe ein, die belegen, dass er die falsche Entscheidung trifft.

D Sie setzen ihm so lange zu, bis er seine Meinung ändert und die gleiche Partei wählt wie Sie (oder es jedenfalls behauptet).

4. Nachdem Sie eine Aufgabe an eine Mitarbeiterin delegiert haben, merken Sie, dass diese ganz anders an die Sache herangeht, als Sie es getan hätten ...

A Es ist Ihnen egal, wie sie vorgeht, solange die Ergebnisse stimmen.

B Sie wünschten, Sie hätten ihr genauer erklärt, wie *Sie* die Aufgabe ausgeführt hätten.

C Sie behalten die Sache genau im Auge, um dafür zu sorgen, dass die Mitarbeiterin punktgenau arbeitet, und investieren schließlich mehr Zeit in das Projekt, als wenn Sie es gleich selbst gemacht hätten.

D Sie entziehen ihr den Auftrag wieder. Bringt eh nichts als Ärger!

5. Sie fahren nicht selbst, sondern eine andere Person sitzt am Steuer des Wagens ...

A Sie entspannen sich und genießen die Landschaft.

B Sie halten den Mund, aber graben ein Loch in den Teppich, weil sie ständig auf die imaginäre Bremse treten.

C Sie »helfen« dem Fahrer, indem Sie Vorschläge über die Auswahl der besten Strecke machen.

D Sie vermeiden es nach Möglichkeit, nicht selbst zu fahren.

6. Ihre bessere Hälfte kommt in einem Outfit herein, das Ihrer Ansicht nach nicht optimal aufeinander abgestimmt ist …

  A Sie erwähnen beiläufig, dass er einen modischeren Look in Betracht ziehen könnte.

  B Sie erkennen seinen irgendwie avantgardistischen Stil an.

  C Sie bedenken ihn mit dem »gewissen Blick« und sorgen dafür, dass er sich umzieht.

  D Das würde nie passieren. Sie legen immer alle Sachen rechtzeitig für ihn zurecht.

7. Wenn Sie und Ihr Mann eine größere Anschaffung machen müssen, …

  A sprechen Sie die Sache durch und kommen zu einer gemeinsamen Entscheidung.

  B überprüfen Sie noch einmal seine Recherchen in dieser Sache, weil Sie wissen, dass er allein leicht Fehler macht.

  C betreiben Sie Ihre eigenen Recherchen, damit Sie überzeugende Argumente dafür vortragen können, dass Sie die perfekte Marke oder den besten Stil gefunden haben.

  D tätigen Sie den Einkauf selbst und legen ihm hinterher die Gründe dar.

8. Wie leicht fällt es Ihnen, einen Irrtum einzugestehen?

  A Kein Problem.

  B Kommt auf die Situation an.

  C Fällt Ihnen sehr schwer.

  D Völlig easy, weil Sie sich niemals irren!

9. Sie sehen, dass Ihr Kind im Schneckentempo eine
   Arbeit im Haushalt erledigt, die Sie selbst viel
   schneller fertig bekommen würden ...
   A Sie bieten ihm Ihre Hilfe an, lassen dem Lern-
     prozess aber Zeit, sich zu entfalten.
   B Sie reagieren angespannt oder gereizt.
   C Sie müssen sich buchstäblich auf Ihre Hände
     setzen, um die Sache nicht an sich zu reißen.
   D Sie greifen ein und führen die Arbeit »ordent-
     lich« zu Ende.

10. Sie wissen im Voraus, dass Sie nach einer Opera-
    tion für eine Weile lahmgelegt wären ...
    A Sie vertrauen darauf, dass die Menschen, die
      Ihnen nahestehen, für Sie da sein werden.
      Wozu hat man schließlich Freunde?
    B Sie übertragen jedem Familienmitglied ein be-
      stimmtes Aufgabenpaket, damit Sie sicher sein
      können, dass alles erledigt wird.
    C Sie bleiben so lange wie möglich im Kranken-
      haus, weil dort sichergestellt ist, dass Ihre Be-
      dürfnisse erfüllt werden.
    D Sie engagieren rund um die Uhr eine Pflege-
      kraft, die sich um Sie kümmert, damit Sie sich
      keine Sorgen darüber machen müssen, ob die
      anderen Sie im Stich lassen oder nicht.

Punkteschlüssel:
1. a-1, b-3, c-5, d-4 ✳ 2. a-1, b-3, c-4, d-5 ✳
3. a-2, b-1, c-4, d-5 ✳ 4. a-1, b-3, c-4, d-5 ✳
5. a-1, b-4, c-3, d-5 ✳ 6. a-2, b-1, c-4, d-5 ✳
7. a-1, b-3, c-4, d-5 ✳ 8. a-1, b-2, c-4, d-5 ✳
9. a-2, b-4, c-3, d-5 ✳ 10. a-1, b-3, c-4, d-5

Auswertung:
Zählen Sie die Punkte zusammen, die den Buchstaben Ihrer Antworten entsprechen.

Bis 20 Punkte: Atmen Sie einmal tief durch – Sie sind keine kontrollierende Alpha.

21 bis 35 Punkte: Sie fürchten wahrscheinlich, dass das Chaos ausbricht, wenn Sie die Kontrolle aus der Hand geben – etwas, was Sie um jeden Preis zu vermeiden suchen –, und fühlen sich verärgert, rastlos und beunruhigt, sobald eine andere Person das Sagen hat.

35 bis 50 Punkte: Es ist höchstwahrscheinlich, dass Ihr Kontrollverhalten eine ernsthafte Beeinträchtigung Ihrer Beziehungen, Ihrer Lebensfreude und Ihres inneren Friedens darstellt. Lesen Sie weiter, um herauszufinden, wie Sie durch eine zulassende Denkweise weiter und schneller vorankommen als durch eine kontrollierende Haltung, wenn es um die Erfüllung Ihrer Wünsche geht, und dabei auch noch weit weniger Anstrengung aufwenden müssen und mehr Freude finden werden.

Zumindest theoretisch wissen wir, dass unsere ständige Einmischung uns häufig mehr behindert als hilft. Andere zu drängen und zu stoßen führt nur dazu, dass sie noch bockiger werden und sich genau den Dingen widersetzen, zu denen wir sie bringen wollen. Man kann auch mit einiger Sicherheit behaupten, dass die meisten von uns kontrollierenden Alphas zumindest bei einigen Gelegenheiten versucht haben, unsere rabiaten Neigungen zu zähmen. Mit zusammengebissenen Zähnen haben wir unseren Ängsten ins Gesicht gelacht und uns selbst zu einem lockeren »Was soll's« gezwungen.

Doch ganz gleich, wie oft wir unseren inneren Kontrollfreak gefesselt und geknebelt haben: Immer ist er mit voller Kraft zurückgekehrt. Warum? Weil Kontrolle eine Strategie ist, die wir entwickelt haben, um Gefühle größerer Verletzlichkeit zu vermeiden. Fakt ist, dass die meisten von uns unglaublich angespannt, rastlos oder aufgeregt reagieren, wenn wir nicht das Sagen haben.

Kontrolle ist eine Strategie, die wir entwickelt haben, um Gefühle größerer Verletzlichkeit zu vermeiden. Fakt ist, dass die meisten von uns unglaublich angespannt, rastlos oder aufgeregt reagieren, wenn wir nicht das Sagen haben.

Wir mögen ein kompetentes, autoritäres Image für die Außenwelt produzieren, doch hinter dieser Fassade verbergen sich Angst und Unsicherheit. Wir greifen nicht zur Kontrolle, weil wir ein superstarkes Zutrauen in unsere eigenen Fähigkeiten haben, sondern weil wir tief in unserem Innern nicht darauf vertrauen, dass die anderen uns wirklich zur Seite stehen. Wir haben Angst.

* Wir fürchten, dass unser Partner, wenn wir nicht jeden seiner Schritte überwachen, uns verletzen, enttäuschen oder betrügen wird.

* Wir haben insgeheim schreckliche Angst davor, dass unseren Kindern etwas zustoßen wird, wenn wir nicht jedes Detail ihres Lebens im Griff haben.

* Wir fürchten, dass wir bei der Arbeit auf Ablehnung stoßen, scheitern oder total gedemütigt werden, wenn wir nicht jeden möglichen Fehltritt voraussehen.

Doch wir misstrauen nicht nur den anderen. Unser mangelndes Vertrauen in andere spiegelt ein grundlegendes Misstrauen uns selbst gegenüber wider, ebenso wie ein fehlendes Grundvertrauen in das Leben als Ganzes.

An diesem Punkt denken Sie wahrscheinlich: »Natürlich vertraue ich mir selbst; deshalb mache ich ja alles selbst.« Doch tatsächlich greifen wir nur zu äußerer Kontrolle, wenn wir innerlich Zweifel daran haben, ob wir beängstigende, schmerzliche, traurige oder unerwartete Situationen bewältigen können. Kontrolle ist die Krücke, auf die wir uns stützen, damit sie uns ein Gefühl der Sicherheit gibt. Wenn wir nur alles bis ins kleinste Detail geregelt haben, so sagen wir uns selbst, können wir die Qual der Ungewissheit vermeiden, das Überraschungselement ausschalten und die potenziellen Desas-

> *Doch tatsächlich greifen wir nur zu äußerer Kontrolle, wenn wir innerlich Zweifel daran haben, ob wir beängstigende, schmerzliche, traurige oder unerwartete Situationen bewältigen können. Kontrolle ist die Krücke, auf die wir uns stützen, damit sie uns ein Gefühl der Sicherheit gibt.*

ter, die auf unserem Weg liegen, umgehen. Solange wir die
Kontrolle haben, wissen wir wenigstens, was uns erwartet.

Unsere Kontrollversuche scheinen durch Selbstvertrauen motiviert, doch sie offenbaren in Wahrheit die
grundlegende Überzeugung, dass die Dinge nur günstig
für uns laufen, wenn wir sie ständig überwachen. Dieses
mangelnde Vertrauen ist die Wurzel unserer Kontrollpro-
bleme und um sie zu lösen, müssen wir unseren Weg zurück zu unserem natürlichen vertrauensvollen Zustand
finden. Durch die tiefere Verbindung zu unserem inneren,
wesenseigenen Selbst zähmen wir nicht nur die Neigungen der kraftvoll-aggressiven Alpha – die Rückkehr zu unserem natürlichen und vertrauensvollen Selbst erlaubt uns
auch, auf unser Bollwerk der Kontrolle zu verzichten.

Bei der Geburt befinden wir uns in einem Zustand absoluten und vollständigen Vertrauens. Wir vertrauen darauf, dass unsere Eltern sich um uns kümmern, dass unsere
Umgebung uns unterstützt und letztendlich, dass das Leben für uns sorgen wird. Doch spult man im Zeitraffer einige Kapitel weiter, stößt man im Leben fast jeder kontrollierenden Alpha unweigerlich auf ein auslösendes Ereignis
– oder eine Abfolge solcher Ereignisse –, die dieses ur-
sprüngliche Vertrauen ins Leben untergraben haben.

Wenn diese wesentliche Vertrauensgrundlage im Laufe
der Entwicklung erschüttert wird, wenden sich einige
Menschen verständlicherweise der Kontrolle zu, um ein
Gefühl der Sicherheit aufzubauen. Wenn wir beispielsweise in einer gefährlichen oder chaotischen Umwelt aufgewachsen sind oder die Erfahrung gemacht haben, dass
unsere Bezugspersonen uns nicht beschützen, ist die Ausbildung unserer Kontrollfähigkeiten wahrscheinlich eine
hervorragende Bewältigungsstrategie gewesen, die uns vor
weiteren Verlusten oder Traumata bewahrt hat. Die Über-

wachung jedes kleinsten Details hat uns in die Lage versetzt, potenziell verletzende Situationen besser vorherzusehen und für einen besseren Ablauf zu sorgen.

Doch wenn wir 20, 30 oder 40 Jahre später weiterhin in diesem Film feststecken und merken, dass diese Denkweise immer noch fest in uns verankert ist, müssen wir uns selbst fragen, inwieweit sie uns, wenn überhaupt, nützlich ist. Wenn wir ehrlich sind, werden die meisten von uns bereitwillig einräumen, dass unsere Kontrollneigung unseren Seelenfrieden, unsere Lebensfreude und unsere Fähigkeit, unsere Träume zu erfüllen, im Grunde untergräbt.

> *Wenn wir ehrlich sind, werden die meisten von uns bereitwillig einräumen, dass unsere Kontrollneigung unseren Seelenfrieden, unsere Lebensfreude und unsere Fähigkeit, unsere Träume zu erfüllen, im Grunde untergräbt.*

Die Kosten der Kontrolle: Ist sie es wert?

Kontrolle hat einen ziemlich hohen Preis. Wir fühlen uns vielleicht wichtig, weil wir diejenigen sind, an die sich alle wenden, wenn sie Anleitung brauchen, aber wie oft fühlen wir uns erschöpft, innerlich leer und total gestresst, weil wir versuchen, alles zusammenzuhalten? Ja, es gelingt uns vielleicht, andere dazu zu bringen, genau das zu tun, was wir wollen, aber tun sie es, weil sie es wollen oder weil sie sich dazu gezwungen fühlen? Wir sind vielleicht stolz darauf, wie gut unser hervorragend geordnetes Leben läuft, aber wenn unsere Mikromanagementnatur dazu führt, dass wir uns ständig daran abarbeiten, unser Leben perfekt am

Laufen zu halten, können wir nie entspannen und die Früchte unserer Arbeit genießen. Die Bewältigungsmechanismen, die uns einst geholfen haben, zu überleben, blockieren jetzt unsere Fähigkeit, die ersehnte Freiheit, Freude und Erfüllung zu erfahren.

Vielleicht ist Ihnen aufgefallen, dass Sie andere Menschen umso stärker von sich forttreiben, je angestrengter Sie versuchen, sie zu kontrollieren. Natürlich finden es die meisten Menschen nicht sehr prickelnd, ständig gegängelt und korrigiert zu werden. Falls Sie je der Dauerüberwachung einer kontrollierenden Alpha-Bitch ausgesetzt waren, wissen Sie das aus erster Hand. Kein Mensch mit Selbstachtung wird es lange aushalten, unter der Fuchtel eines anderen zu stehen. Ehemänner, Kollegen und Kinder sind es irgendwann leid, dass man ständig an ihnen herumnörgelt und -krittelt und ihnen sagt, was sie tun sollen. Und je mehr man versucht, das eigene Glück abzusichern, indem man jeden Schritt der anderen kontrolliert, desto mehr verlieren sie die Lust, uns zu gefallen.

Die kontrollierende Alpha in der Arbeitswelt

Es ist nur natürlich, dass wir unsere Kontrollmuskeln bei der Arbeit spielen lassen wollen. Schließlich wird im Beruf von uns erwartet, dass wir Verantwortung übernehmen, Projekte und auch andere Menschen leiten. Und weil diese Erwartungen bestehen, tappen wir verständlicherweise in die Falle und schlüpfen am Arbeitsplatz in die Rolle der kontrollierenden Alpha. Vielleicht hatten Sie schon einmal das Vergnügen, unter der Fuchtel einer mikromanagenden, meinungsfreudigen Kollegin oder Chefin zu stehen, die Ihnen ständig über die Schulter geschaut, Ihre Arbeit

kritisiert oder jede Ihrer Entscheidungen infrage gestellt
hat. Unter ihrem wachsamen Auge ist es unmöglich, man
selbst zu sein; das bloße Wissen, dass sie in der Nähe ist,
macht einen extrem angespannt oder weckt Selbstzweifel.
Für eine kontrollierende Alpha zu arbeiten reicht aus, um
jeden kreativen Funken zum Ersticken zu bringen.

Wenn unsere innere kontrollierende Alpha heraus-
kommt, sind wir nicht nur akute Spaßbremsen, sondern
erzeugen auch Paranoia und unnötigen Druck am Arbeitsplatz. Manchmal ist die Geborgenheit einer einsamen
Klozelle, die möglichst weit von uns entfernt ist, der einzige Zufluchtsort für unsere Kollegen, um einmal ungestört Luft zu schöpfen. Sie suchen verzweifelt nach Vor-
wänden, um aus dem Büro herauszukommen und unserer
intensiven Überwachung zu entgehen. Wir müssen erkennen, dass unsere kontrollierende Art die Kreativität eher

Bitch-Tipps für kontrollierende Alphas in der Arbeitswelt

* Geben Sie keine Tipps und Ratschläge, ohne gefragt zu werden.
* Wenn Sie Kollegen Rat oder Feedback geben, stellen Sie zuerst etwas heraus, was sie gut machen,
  und kritisieren Sie geschickt und feinfühlig.
* Wenn jemand Ideen oder Methoden vorschlägt,
  die anders als Ihre Vorstellungen sind, dann halten
  Sie kurz inne, statt sie sofort zurückzuweisen;
  denken Sie daran, dass Ihre Meinung nicht die einzige ist und nicht unbedingt richtig. Seien Sie offen
  gegenüber den Ideen Ihrer Kollegen.

erstickt als weckt. Angst und Zweifel bei unseren Kollegen auszulösen ist die sicherste Methode, um ihr kreatives
Potenzial zu untergraben. Auch wenn wir das Ziel haben,
dass die Arbeit gut gemacht wird, verlangsamen wir die
Produktivität und erzeugen Widerstand bei unseren Mitarbeitern, wenn wir uns ständig einmischen und alles kritisieren.

Die kontrollierende Alpha als Partnerin

Wenn in unseren Partnerschaften Groll und Verachtung
an die Stelle treten, wo einst Bewunderung und Zuneigung
waren, lassen unangenehme Folgen nicht lange auf sich
warten. Der Partner einer unerbittlich kontrollierenden
Alpha wird sie vielleicht einfach verlassen, um eine Frau
zu finden, die ihm eine eigene Meinung zugesteht. Falls er
sich doch entscheidet, in der Beziehung zu bleiben, ist es
sehr wahrscheinlich, dass er andere Möglichkeiten finden
wird, um sich innerlich zu verabschieden.

Eine überwältigende Zahl von Frauen die wir in unserer
Praxis und in unseren Workshops kennenlernen, klagt
darüber, dass ihre Männer »ausgecheckt« haben; das heißt,
sie nehmen nicht mehr an der Ehe teil oder leisten keinen
Beitrag zur Hausarbeit und die Frau trägt schließlich die
Last der Verantwortung ganz allein. Das geschieht, wenn
der Partner einer kontrollierenden Alpha zu dem Schluss
kommt, dass es nur zu Spannungen führt oder einen Rie-
senkrach auslöst, wenn er ihren Willen infrage stellt; deshalb spielt er lieber eine gefügige und passive Rolle. Mit
der Zeit verliert er immer mehr Stärke in der Beziehung,
bis er einfach im Hintergrund verschwindet. Er versucht
nicht länger, Entscheidungen zu treffen; er hört im Grun-

de auf, sich seiner Partnerin zu »zeigen«, wodurch sie in ihrer Auffassung, dass er Anleitung braucht, nur noch weiter bestärkt wird.

Trotz seiner scheinbaren Passivität kann man ziemlich sicher sein, dass ein Mann, dessen Meinung ständig missachtet wird, im Laufe der Zeit jede Menge Ressentiments ansammelt. Man merkt ihm seinen Groll vielleicht äußerlich nicht an, aber er wird einen Weg finden, um sich einen Teil der Macht zurückzuholen. Man kennt das: Er

Bitch-Tipps für die kontrollsüchtige Partnerin

* Bitten Sie Ihren Mann oder Lebensgefährten, Ihnen zu sagen, wenn er sich durch Sie kontrolliert oder gegängelt fühlt.

* Setzen Sie sich selbst tägliche Ziele wie: »Heute werde ich die Facebook-Seite meines Mannes nicht überprüfen, ich mache ihm keine To-do-Liste und frage ihn nicht, wo er gewesen ist, wenn er nach Hause kommt.«

* Sprechen Sie mit einer guten Freundin darüber, wenn Sie in Versuchung geraten, wieder in Ihr Kontrollverhalten zu fallen.

* Lenken Sie Ihre Aufmerksamkeit auf Ihre eigenen Bedürfnisse – nehmen Sie ein Bad, genießen Sie eine Tasse Tee, lesen Sie ein Kapitel in Ihrem Lieblingsbuch oder machen Sie einen langen Spaziergang.

* Belohnen Sie sich selbst, wenn Sie eine kontrollierende Verhaltensweise entdecken und es Ihnen gelingt, ihr nicht nachzugeben.

kommt an dem Abend, an dem Sie Gäste zum Essen eingeladen haben, erst spät nachts nach Hause, er stellt sein Handy aus, so dass er nicht erreichbar ist, oder er »vergisst«, abends bei der Reinigung vorbeizufahren, um die Sachen abzuholen, obwohl Sie am Folgetag eine wichtige Präsentation bei der Arbeit haben. Sein passiv-aggressives Verhalten führt natürlich dazu, dass wir das Gefühl haben, die Kontrolle zu verlieren, so dass wir die Zügel noch stärker anziehen. Unsere Unfähigkeit, jemanden zu tolerieren, der die Welt nicht ganz genauso sieht wie wir, kann zur Folge haben, dass das Vertrauen und die Intimität in der Beziehung, die uns am wichtigsten ist, zerstört wird.

Die kontrollierende Alpha als Mutter

Wenn es einen Bereich im Leben gibt, in dem die »So wie ich es will oder gar nicht«-Haltung uns ganz bestimmt in den sprichwörtlichen Abgrund führt, so ist das die Beziehung zu unseren Kindern. Wenn sie klein sind, sind sie von uns abhängig und es ist notwendig, sie zu anzuleiten. Aber wenn sie älter werden, wachsen sie über unsere Führung hinaus und wir müssen ihnen mehr Freiraum gewähren, damit sie ihren eigenen Weg finden. Um die Gluckenhaltung aufzugeben und stattdessen die Selbstbestimmung der Kinder zu fördern, müssen wir erkennen, dass unsere wahre Aufgabe nicht darin besteht, unsere Kinder zu managen, sondern ihnen zu helfen, eine feste Grundlage aufzubauen, die sie dazu befähigt, ihre eigenen Entscheidungen zu treffen.

Natürlich ist es ganz normal, dass wir unsere Kinder vor allem Schlechten im Leben bewahren möchten und sie vor unnötigem Kummer beschützen wollen; der Drang, für ihre Sicherheit zu sorgen, ist buchstäblich in unsere DNS einprogrammiert. Aber wenn wir darauf bestehen, ihnen die Aufgaben abzunehmen, die sie selbst bewältigen müssen, überschreiten wir die schmale Linie zwischen Helfen und Behindern. Wenn wir ihnen jeden Morgen die Schuhe

Um die Gluckenhaltung aufzugeben und stattdessen die Selbstbestimmung der Kinder zu fördern, müssen wir erkennen, dass unsere wahre Aufgabe nicht darin besteht, unsere Kinder zu managen, sondern ihnen zu helfen, eine feste Grundlage aufzubauen, die sie dazu befähigt, ihre eigenen Entscheidungen zu treffen.

schnüren, um zu verhindern, dass sie stolpern und sich die Knie aufschürfen – wie sollen sie diese Grundfähigkeit dann je erlernen? Wenn wir sie immer ermahnen, ihr Schulbrot einzupacken, ihre Hausaufgaben zu erledigen und ihr Spielzeug wegzuräumen, lernen sie, sich auf uns zu verlassen anstatt auf sich selbst, und wir ersticken ihre Fähigkeit, zu selbstständigen Erwachsenen heranzureifen. Wir bewahren sie vielleicht davor, den Schmerz über ein gestohlenes Fahrrad, eine schlechte Zensur oder einen leeren Magen zu spüren, aber dadurch hindern wir sie auch daran, ihre eigenen Ressourcen zu entdecken, und berauben sie wichtiger Lektionen. Wenn sie erwachsen werden, sind sie ohne Mamas Anleitung praktisch verloren.

Vielleicht kennen Sie die Geschichte von dem Mann, der sah, wie ein Schmetterling darum kämpfte, sich aus seinem Kokon zu befreien. In der Absicht, ihm zu helfen, riss er vorsichtig den Kokon auf und half dem kleinen Schmetterling so sanft er konnte hinaus. Doch zu seiner

Bestürzung waren die zarten Flügel des Wesens ver-
schrumpelt und nutzlos und nicht zu gebrauchen. Wenn
Schmetterlinge schlüpfen, müssen sie sich schrecklich abmühen, um den Kokon aufzubrechen. Dieser Kampf ist
das Mittel, durch das die Natur dafür sorgt, dass die Flügel
durchblutet werden. Nur wenn sich dieser Prozess ohne
Unterbrechung entfaltet, kann der Schmetterling stark genug werden, um sich selbst am Leben zu erhalten, nachdem er seine Freiheit errungen hat.

Auf ähnliche Weise müssen wir auch unseren Kindern
die Möglichkeit geben, zu kämpfen, Fehler zu machen und
aus ihnen zu lernen. Sie sind stolz auf die Art, wie sie einem
Freund ein halbes Brötchen abhandeln, wenn sie ihre Brot-
box vergessen, wie sie direkt vor dem schriftlichen Test einen Stift von einem Klassenkameraden organisieren oder
wie sie den Lehrer überreden, ihnen eine längere Frist für
eine versäumte Arbeit einzuräumen. Das sind Kompeten-
zen, die jeder erfolgreiche Erwachsene braucht – Fähigkeiten, die sich nie entwickeln, wenn unsere Einmischung
ihnen die Möglichkeit raubt, ihre Fehler zu machen und zu
korrigieren.

Wenn das Bestreben, unsere Kinder anzuleiten, zur
Kontrolle ausartet, halten wir sie davon ab, bestimmte
Meilensteine in ihrer Entwicklung zu erreichen. Wenn wir
einschreiten, um ihnen zu helfen, überschreiten wir ihre
Grenzen – wir ersticken sie mit unserem Schutz und er-
drücken sie durch unsere Bemutterung.

Als kontrollierende Alphas laufen wir Gefahr, ein Gefühl der Hilflosigkeit in unseren Kindern zu erzeugen, weil
wir ihnen ungewollt die Botschaft vermitteln, dass wir ihnen nicht zutrauen, selbst gute Entscheidungen zu treffen.
Wenn wir immer mit unseren Lösungen loslegen, sobald
sie anfangen, selber über Problemlösungen nachzudenken,

flößen wir ihnen, ohne es zu wollen, mangelndes Selbstvertrauen ein. Wie bei der Geschichte von dem Mann und dem Schmetterling verkrüppeln wir schließlich die Menschen, die wir am meisten lieben.

Und woher wissen wir, wann wir bei unseren Kindern einschreiten und wann wir sie in Ruhe lassen sollten? Wir müssen sie einfach fra-

> *Wenn das Bestreben, unsere Kinder anzuleiten, zur Kontrolle ausartet, halten wir sie davon ab, bestimmte Meilensteine in ihrer Entwicklung zu erreichen. Wenn wir einschreiten, um ihnen zu helfen, überschreiten wir ihre Grenzen – wir ersticken sie mit unserem Schutz und erdrücken sie durch unsere Bemutterung.*

gen! Sogar die jüngsten Kinder – einschließlich Säuglinge – können ihre Bedürfnisse kommunizieren und uns wissen lassen, wann wir uns zurückhalten sollten. Vor nicht allzu langer Zeit überschüttete Christy ihren vier Wochen alten Sohn Alex mit kleinen Küsschen auf Gesicht und Hals. (Was man ihr nicht verdenken kann. Man *muss* ihn einfach küssen!) Als sie zu einer weiteren Schmuserunde auf seinen Pausbacken ansetzte, blockierte er ihren Versuch, indem er beide Hände abwehrend hochhielt. »Danke, das reicht, Gluckenmutter«, schien er zu sagen. Glücklicherweise hörte Christy auf das, was Alex ihr mitteilte, und respektierte seinen Raum.

Wir sollten nicht einfach unterstellen, dass unsere Kinder unsere Hilfe beim Zubinden ihrer Schuhe oder unser Fachwissen beim Ausfüllen ihrer Bewerbungen brauchen, sondern wir sollten sie fragen, wie wir sie am besten unterstützen können. Natürlich kann es Situationen geben, in denen sie vom Weg abkommen und darauf angewiesen

sind, dass wir die Führung übernehmen, zum Beispiel
wenn sie sich mit tatsächlich gefährlichen Freunden abge-
ben, mit einer Sucht oder Depression kämpfen oder ver-
antwortungslose soziale Verhaltensweisen zeigen. Dann
ist es völlig angemessen und notwendig, dass wir einschreiten und unsere Kinder an die Hand nehmen, bis sie
beweisen, dass sie wieder auf sich selbst aufpassen können.

Alle Eltern wissen nur zu gut, dass es für die wichtige
Aufgabe des Elternseins keine Gebrauchsanleitung gibt.
Wir wissen auch alle, dass wir immer die äußeren Umstände und die einzigartige Veranlagung unseres Kindes
berücksichtigen müssen. Als Eltern erspüren wir unseren
Weg durch jede kindliche Entwicklungsphase und korrigieren uns dann entlang des Weges. Als Daumenregel gilt
allerdings, dass wir uns umso weniger in das Leben unserer Kinder einmischen sollten, je älter sie werden. Am
Verhalten unserer Kinder können wir ablesen, ob wir zu
kontrollierend oder zu nachlässig sind. Im Folgenden einige einfache Zeichen, auf die man bei Kindern achten
sollte:

* Wirken sie im Allgemeinen glücklich und zufrieden?
* Sind sie offen zu uns und gerne mit uns zusammen?
* Sind sie selbstgenügsam und selbstmotiviert?
* Wirken sie zuversichtlich und bereit, Neues auszupro-
  bieren?

Darüber hinaus können wir auch die eigenen Gefühle als
Anhaltspunkte dafür nehmen, ob die kontrollierende Alpha in uns die Regie übernommen hat:

* Fühlen Sie sich überlastet, gestresst oder verärgert in
  Bezug auf Ihre Kinder?
* Haben Sie große Angst, wenn die Kinder nicht da sind?

✳ Werden Sie wütend, wenn sie ihre eigenen Entscheidungen treffen wollen und sich weigern, auf Ihre »Vorschläge« zu hören?

Wir müssen für unser Kind nicht den Trainer spielen, der jedes Spiel plant und jeden Spielzug dirigiert. Wir nützen ihm mehr, wenn wir die Rolle der Zuschauer übernehmen, die seinen Erfolgen applaudieren, am Spielfeldrand bleiben und ihm die Freiheit lassen, sein eigenes Spiel zu machen. Wenn unsere Kinder uns ein Problem präsentieren, neigen wir vielleicht spontan dazu, die »beste« Lösung anzubieten. Eine bessere Reaktion ist, dass wir sie ihre eigenen Lösungen erarbeiten lassen. Dadurch zeigen wir, dass wir ihnen zutrauen, gute Entscheidungen zu treffen. Sobald sie eigene Ideen entwickelt haben, können wir diese weiter ausarbeiten oder weitere Vorschläge unterbreiten, dabei jedoch gleichzeitig die Ideen anerkennen und in irgendeiner Form bestätigen. Die letzte Entscheidung sollte man den Kindern überlassen, damit sie Vertrauen fassen in ihre Fähigkeiten zu entscheiden. Als Eltern können wir nur Anregung und Anleitung anbieten: Dass wir unseren Kindern Werkzeuge an die Hand geben, mit denen sie ihren eigenen Weg gestalten können, ist das Beste, was wir für sie tun können. Denken Sie daran, dass unser Job als Mutter nicht darin besteht, etwas für die Kinder zu tun, sondern sie zu befähigen, es selbst zu tun.

> *Denken Sie daran, dass unser Job als Mutter nicht darin besteht, etwas für die Kinder zu tun, sondern sie zu befähigen, es selbst zu tun.*

Bitch-Tipps für kontrollierende Mütter

* Wenn es Ihnen schwerfällt, zuzuschauen, wie Ihre Kinder sich mit etwas abmühen, reden Sie mit Ihrem Partner, einer anderen Mutter oder einer lieben Freundin.

* Fragen Sie sich: »Wovor habe ich Angst, wenn ich diese Situation nicht kontrollieren kann?« Häufig führt schon die Wahrnehmung der Angst dazu, dass Sie uns weniger fest im Griff hat.

* Versichern Sie sich selbst, dass Sie fähig sind, mit allen Situationen umzugehen, ganz gleich, was geschieht. So können Sie sich Ihrer Stärke und Ihres Erfindungsreichtums vergewissern.

* Wenn Ihre Kinder Ihnen ein Problem anvertrauen, widerstehen Sie der Neigung, es für sie zu lösen. Hören Sie stattdessen einfach zu oder fragen Sie sie, welche Lösungsmöglichkeiten ihnen dazu einfallen.

* Rufen Sie sich ins Gedächtnis, wie oft Ihre Kinder schon erfolgreich mit den Herausforderungen des Lebens umgegangen sind. Das beschwichtigt Ihre Angst, dass die Kinder ohne sie verloren sind, und hilft Ihnen, Ihre Kinder für kompetent und fähig zu halten.

Die kontrollierende Alpha als Freundin

Niemand lässt sich gern sagen, was oder wie er etwas tun soll. Ob man zwei oder 42 ist – es macht einfach keinen Spaß, wenn die eigenen Ideen, Entscheidungen, Methoden oder Verhaltensweisen abgewertet werden. Wenn wir es für unser Recht halten, unsere Freundinnen zu »verbessern« oder zu behaupten, wir wüssten, was richtig für sie ist, überschreiten wir die Grenze vom Interesse an ihrem Leben zur Einmischung in ihr Leben. Wir hören von vielen Frauen Klagen darüber, wie oft neue Freundschaften hoffnungsvoll und erfreulich beginnen, aber irgendwie im Laufe der Zeit im Sande verlaufen. Sie verstehen nicht, warum andere Frauen sich vor ihnen zurückziehen oder ihre Anrufe nicht mehr erwidern. (Wenn wir andeuten, dass Kontrolle im Spiel sein könnte, weisen sie das natürlich meistens weit von sich und erklären uns, was ihrer Ansicht nach der Grund sein muss. *Hmmm.*)

> *Wenn wir es für unser Recht halten, unsere Freundinnen zu »verbessern« oder zu behaupten, wir wüssten, was richtig für sie ist, überschreiten wir die Grenze vom Interesse an ihrem Leben zur Einmischung in ihr Leben.*

Wenige Menschen können es ertragen, kontrolliert und kritisiert zu werden. Irgendwann ist es auch die beste Freundin leid, wenn wir auf »subtile« Weise versuchen, sie zu ändern: »Ach, *das* willst du heute anziehen? Triffst du dich noch mit Wie-hieß-er-doch-gleich?« – »Du bestellst Pizza? Ich dachte, du wolltest abnehmen?« Wir müssen erkennen, dass wir im Grunde die Klugheit und das Wissen unserer Freundinnen infrage stellen, wenn wir die von ihr gewählte Vorgehensweise korrigieren und wichtige Lebensentscheidungen abwerten. Sie wird allmählich den Eindruck gewinnen, dass wir sie für unfähig halten, ohne unsere Anleitung ein angemessenes Outfit zu wählen, einen guten Partner zu finden oder sich für ein anständiges Essen zu entscheiden. Da sie sich in unserer Gegenwart herabgesetzt und abgewertet fühlt, wird sie sich auf die Suche nach einer Freundin begeben, die sie nicht heruntermacht, sondern aufbaut. Wahrscheinlich wird sie versuchen, das Problem anzusprechen und uns zu sagen, dass unsere übergriffige Art sie stört, aber wenn ihre Hinweise kein Gehör finden, wird sie schließlich weiterziehen, und wir bleiben einmal mehr ratlos zurück und fragen uns, warum niemand unseren guten Rat zu schätzen weiß.

Kindern, Partnern, Kollegen und Freunden den eigenen Willen aufzuzwingen ist nicht nur schädlich für diese Beziehungen, sondern fordert auch einen – physischen und psychischen – Preis von uns. Wenn wir im kontrollierenden Alpha-Bitch-Modus operieren, ist das, als ob wir Scheuklappen aufhätten. Wir können buchstäblich nicht sehen, wie viel Energie es kostet, in einem Zustand nahezu ununterbrochener Wachsamkeit zu leben. Weil wir anderen so ungern die Führung überlassen, tragen wir schließlich einen Großteil der Belastungen allein, fühlen uns dann überfordert, weil es niemand sonst zu geben scheint, der uns helfen könnte. Mit anderen Worten – wir bestehen darauf, alles allein zu bestimmen, und nehmen es dann übel, wenn die anderen die Verantwortung auf uns abwälzen. Kein Wunder, dass das Leben nicht mehr lustig und aufregend ist und wir anfangen, uns als Märtyrerinnen zu fühlen.

Bitch-Tipp für die kontrollierende Freundin

❊ Lenken Sie die Aufmerksamkeit und Energie, die Sie auf Ihre Freundin richten, wieder auf sich selbst zurück.

❊ Bevor Sie Ihre Meinung darlegen: Atmen Sie einmal tief durch und fragen Sie sich selbst, ob dieser Rat Ihre Freundin stärkt oder schwächt.

❊ Teilen Sie Ihrer Freundin mit, dass Sie Ihr kontrollierendes Verhaltensmuster ändern möchten. Bitten Sie sie, Sie darauf hinzuweisen, wenn sie sich gezwungen fühlt, Ihnen nachzugeben.

❊ Stellen Sie sich der Herausforderung, etwas aus den Unterschieden zwischen sich und Ihren Freundinnen zu lernen, und lassen Sie es zu, dass Ihre Freundschaft Sie offen für neue Sichtweisen macht.

❊ Nutzen Sie Ihre Unterschiede als Chance, Ihre individuellen Entscheidungen zu stärken. Vielleicht trägt die Beobachtung, dass Ihre Freundin einen bestimmten Weg einschlägt, dazu bei, dass Sie sich in der Wahl eines anderen Weges bestätigt fühlen.

Haben Sie je eine Party gegeben und sich so in jedes kleine Detail verbissen, dass Sie selbst das Fest gar nicht mehr genießen konnten? Oder schlimmer noch, es nicht erwarten konnten, dass der Abend endlich vorüber ist? Der Versuch, eine Situation zu kontrollieren, ist wahrscheinlich die schnellste Methode, um selbst garantiert unglücklich zu sein, weil Kontrolle die Freuden der Spontaneität auffrisst und sie durch Sorge, Anspannung und Widerstand ersetzt.

Das Gesetz des Zulassens

Kontrolle beschränkt den Strom der Fülle, der uns immer offen steht. Angenommen, Sie versuchen, einen Garten mit einem Schlauch zu sprengen, der einen Knoten hat. Der Garten gedeiht nicht, was nicht daran liegt, dass kein Wasser vorhanden ist, sondern dass die notwendige Wasserzufuhr vorübergehend unterbrochen ist.

Kontrolle ist wie dieser Knoten im Schlauch; sie hindert uns daran, alles zu empfangen, was das Leben uns anzubieten hat. Anders gesagt: Geballte Fäuste können keine Geschenke annehmen. Doch wenn wir lernen, uns zu entspannen, und zulassen, dass die Dinge sich so entfalten, wie sie sind, wenn wir unseren Griff lockern – dann sind wir besser in der Lage, das Unvorhergesehene mit Freude und Begeisterung zu begrüßen. Anstatt uns selbst als die Dirigentinnen zu sehen, die alles bis ins kleinste Detail organisieren müssen, um dafür zu sorgen, dass das Zusammenspiel perfekt funktioniert, können wir uns selbst als die Instrumente betrachten, durch die die schönen Dinge zum Ausdruck kommen.

> *Kontrolle ist wie dieser Knoten im Schlauch; sie hindert uns daran, alles zu empfangen, was das Leben uns anzubieten hat. Anders gesagt: geballte Fäuste können keine Geschenke annehmen.*

Diese subtile Veränderung der Wahrnehmung ist entscheidend, um das Gesetz des Zulassens wirksam werden zu lassen. Wenn wir wenig Widerstand leisten und der positiven Energie erlauben, zu uns und durch uns hindurchzufließen, bewegen wir uns von der Kontrolle zum Zulassen. In dieser akzeptierenden Haltung sind wir offen, um zu empfangen, was wir erbitten. Wenn wir lernen unser Bedürfnis nach Kontrolle aufzugeben, lassen wir den Widerstand los und erlauben der Fülle, Freiheit und Freude, ohne Beschränkung in unser Leben hinein- und durch es hindurchzufließen. Damit das Gesetz des Zulassens wirksam werden kann, müssen wir uns eingestehen, dass unsere Meinungen, Ideen und Pläne nicht ganz so allmächtig sind, wie wir vielleicht glauben. Anstatt die Kontrolle in einer Situation zu übernehmen, vertrauen wir darauf, dass eine Kraft, die größer ist als wir selbst, die Ereignisse in unserem Leben aufeinander abstimmen wird. Anstatt zu glauben, dass wir allein für die Erfüllung unserer Träume zuständig sind und uns fürchterlich dafür ins Zeug legen müssen, können wir uns zurücklehnen und zusehen, wie sich der Zauber entfaltet. Und welche Erleichterung, zu entdecken, dass wir nicht alles allein bewältigen müssen!

Wenn wir versuchen, alles zu kontrollieren, verlieren wir die Tatsache, dass eine größere Kraft am Werk ist, aus den Augen – eine Kraft, die unendlich fähiger ist als wir, wenn es darum geht, die Entfaltung unseres Lebens zu koordinieren – von den profansten Details bis hin zu unseren hehrsten Zielen. Wenn wir diese Tatsache je bezweifeln, müssen wir nur auf die Natur schauen und werden überall Beweise dafür finden. Deepak Chopra schreibt in seinem Buch *Die sieben geistigen Gesetze des Erfolgs*: »Wenn man die Natur genau beobachtet, erkennt man … Gras strengt sich nicht an, um zu wachsen – es wächst einfach. Fische geben sich keine besondere Mühe, zu schwimmen; sie schwimmen einfach. Blumen versuchen nicht zu blühen; sie blühen. Vögel geben sich keine sonderliche Mühe, zu fliegen; sie fliegen. Es liegt in ihrer Natur. Die Erde strengt sich auch nicht sehr an, sich um ihre eigene Achse zu drehen, denn es liegt in der Natur unseres Planeten, sich schwindelerregend um sich selbst zu drehen und durch den Weltraum zu wirbeln. Der Zustand der Glückseligkeit liegt in der Natur von Säuglingen. Es liegt in der Natur der Sonne, zu scheinen. Es liegt in der Natur der Sterne, zu funkeln und zu glänzen. Und es liegt in der Natur des Menschen, Träume mühelos und leicht in körperlich manifester Form zum Ausdruck zu bringen.«[5]

Geben wir es nur zu: Kontrolle bringt uns nicht sehr weit. Wenn wir unbedingt jeden Aspekt einer Situation im Griff haben wollen, zerstören wir jede Möglichkeit, dass etwas Unerwartetes oder Wunderbares geschieht.

Geben wir es nur zu: Kontrolle bringt uns nicht sehr weit. Wenn wir unbedingt jeden Aspekt einer Situation im Griff haben wollen, zerstören wir jede Möglichkeit, dass etwas Unerwartetes oder Wunderbares geschieht. Wir werden ja manchmal mit Problemen konfrontiert, die unmöglich durch Kontrolle zu lösen sind, und in diesen Situationen haben wir keine andere Wahl, als loszulassen und zuzulassen. Vor einigen Jahren geriet Christy in eine solche Situation und bis heute sind wir beide immer noch erstaunt über die vollendete Lösung, die eintrat: Vor einigen Jahren hielt ich ziemlich viele Vorträge an Colleges in ganz Amerika, so dass ich fast jede Woche reisen musste. Auf einer meiner Reisen von den USA zurück nach Kanada verlor ich meinen Führerschein. Ich schaute auf meinen Terminplan für die kommende Woche und sah, dass ich einen Vortrag an einem College halten sollte, das neun Stunden Autofahrt vom Flughafen in Kansas City entfernt lag.

Da man mir ja ohne Führerschein kein Auto vermieten würde, informierte ich mich über die Möglichkeit, mit öffentlichen Verkehrsmitteln an mein Ziel zu gelangen, aber es gab keine Verbindung, die mich rechtzeitig zu meinem Vortrag bringen würde. Je angestrengter ich versuchte, eine Lösung zu finden, desto angespannter wurde ich. Ich konnte mir einfach nicht vorstellen, wie es gehen sollte.

Schließlich ließ ich das Flugticket auf meinem Schreibtisch liegen und machte einen kurzen Spaziergang. Als ich zurückkam, schaute ich mir das Ticket noch einmal genauer an und stellte fest, dass ich einen Zwischenaufenthalt von einer Stunde hatte – in Philadelphia (was im US-Bundesstaat Pennsylvania liegt, wo der Führerschein ausgestellt worden war)! Dies ließ den Ansatz einer möglichen Lösung erkennen: Ich konnte zur zuständigen Behörde in Philadelphia gehen und mir eine Zweitausfertigung des Führerscheins besorgen. Ich hatte natürlich keine Ahnung, wie ich das im einzelnen bewerkstelligen wollte. Tatsächlich wurde mir klar, dass es keine Möglichkeit gab, wie *ich* das Ganze bewerkstelligen konnte. Von daher kam ich zu dem Schluss, dass mir gar nichts anderes übrig blieb, als die ganze Situation den waltenden Kräften zu überlassen. Ich atmete ein paar Mal tief durch und stellte mir bildlich vor, wie ich das Dilemma an eine Macht übergab, die größer war als ich.

Als mein Mann mich am frühen Mittwochmorgen zum Flughafen fuhr, sagte ich laut: »Okay, Universum, ich habe keine Ahnung, wie das klappen soll. Ich kann und werde nichts erzwingen. Aber ich vertraue darauf, dass alles mit perfektem Timing ablaufen wird. Du weißt, was ich will: Ich lege die Ausführung jetzt in deine Hände.« Ich spürte, wie meine Schultern sich sofort entspannten und ich innerlich zur Ruhe kam.

Mein Flugzeug landete um genau 11:30 Uhr in Philadelphia. Ich ging ganz ruhig durch die Gepäckausgabe und winkte das einzige Taxi heran, das zufällig wartete. Auf dem

Weg vom Flughafen zur Kraftfahrzeugbehörde machte der Taxifahrer eine Bemerkung über die ungewöhnlich ruhige Verkehrslage für einen normalen Werktag. »Interessant«, sagte ich und verzichtete weiterhin aktiv auf jeden Wunsch oder Versuch, die Situation zu kontrollieren.

Nun, falls Sie je eine Kraftfahrzeugbehörde während der Mittagszeit besucht haben, wissen Sie, dass es fast immer gerammelt voll ist. Doch erstaunlicherweise musste ich gar nicht warten, sondern konnte schnurstracks an den Schalter gehen, um eine Kopie meines Führerscheins zu beantragen. Hier stieß ich auf eine Schwierigkeit: Ich brauchte eine Zahlungsanweisung, um die Transaktion abzuschließen. Unbeeindruckt ging ich über die Straße, besorgte die Zahlungsanweisung und saß 10 Minuten später mit der Führerscheinkopie in der Hand wieder im Taxi.

Wir trafen um genau 12:20 Uhr am Flughafen ein – das ganze hatte weniger als 50 Minuten gedauert. Ich passierte die Sicherheitskontrolle, wieder überrascht und erfreut, keine Warteschlangen vorzufinden, und kam rechtzeitig an meinem Gate an, um Rebecca anzurufen – die einzige Person, von der ich wusste, dass sie total verstehen würde, was sich gerade ereignet hatte.

❋ ❋ ❋

Wir lieben diese Geschichte, weil sie das Gesetz des Zulassens so schön veranschaulicht. Wenn man sich ein klares Bild von dem angestrebten Ergebnis macht und dann zulässt, dass sich alles ganz von allein und spontan entfaltet, ist es, als ob die Schleusentore sich weit öffneten und unsere Wünsche sich auf eine Weise erfüllten, die unser kontrollierender Verstand nie für möglich gehalten hätte. Ironischerweise ist es tatsächlich eine der wirkungsvollsten Methoden, um etwas geschehen zu lassen.

Zulassen ist keine Apathie

Im Laufe der Jahre ist uns aufgefallen, dass einige äußerst erfolgreiche Frauen dazu neigen, das Gesetz des Zulassens damit zu verwechseln, dass sie Unterwürfigkeit, Passivität oder Machtlosigkeit akzeptieren sollen. »Hör mal«, lautet die scharfe Erwiderung unserer resoluten Klientinnen, »wir haben im Leben nicht erreicht, was wir erreicht haben, indem wir abgewartet haben, bis uns alles in den Schoß fiel!«

Wir behaupten nicht, dass sich unsere Sehnsüchte wie durch Zauberhand erfüllen, wenn wir den ganzen Tag müßig herumsitzen und uns die erfolgreiche Verwirklichung unserer Ziele »herbeiwünschen«. Es ist eher ein kreativer Tanz zwischen uns und dem Universum und jeder muss seinen Part darin übernehmen. Unsere Aufgabe ist es, eine klare Absicht zu fassen und uns eine klare Vorstellung davon zu machen, was wir wollen; dann müssen wir unsere Gedanken, Überzeugungen und Energien auf diese Absicht ausrichten und offen dafür bleiben, sie zu empfangen. Wir können darauf vertrauen, dass unsere Signale zum richtigen Zeitpunkt zu den ersehnten Erfahrungen führen.

Dass wir aktiv werden und handeln, ist zweifellos eine wichtige Komponente bei der Erreichung jeden Ziels. Doch der Trick besteht darin, dass man weiß, *wann* man handeln muss. Wenn wir versuchen, den Teil zu übernehmen, der für das Universum bestimmt ist, was viele Alphas tun, verlangsamen wir nicht nur den kreativen Prozess, sondern zehren auch unsere Kräfte aus. Wenn wir die Haltung des Zulassens einnehmen, beschleunigen wir das Eintreffen unserer Wünsche – es macht uns offen und empfänglich, was ein wesentliches Element ist, wenn wir anziehen wollen, was wir erstreben.

> Schwäche *bedeutet, dass wir so große Angst vor dem Unbekannten haben, dass wir versuchen, einen Kampf zu kämpfen, den wir nicht gewinnen können;* Stärke *heißt, dass wir unsere Aufmerksamkeit auf jene Dinge konzentrieren, die wir ändern können, während wir den Rest anderen Kräften überlassen.*

Zulassen ist alles andere als passiv und sollte nicht mit Schwäche verwechselt werden. *Schwäche* bedeutet, dass wir so große Angst vor dem Unbekannten haben, dass wir versuchen, einen Kampf zu kämpfen, den wir nicht gewinnen können; *Stärke* heißt, dass wir unsere Aufmerksamkeit auf jene Dinge konzentrieren, die wir ändern können, während wir den Rest anderen Kräften überlassen.

Wie also wenden wir das Gesetz des Zulassens an, während wir aktiv an der Gestaltung unseres Schicksals beteiligt bleiben? Indem wir unsere Energie auf die angestrebten Ergebnisse richten und, ja, indem wir konkrete, messbare Handlungsschritte unternehmen, um diese zu erreichen. Doch der entscheidende Unterschied zwischen Kontrolle und Zulassen zeigt sich, nachdem wir alles getan haben, was uns möglich ist. Die kontrollierende Alpha besteht darauf, zu steuern, wann, wo und wie die Resultate, die sie anstrebt, erbracht werden; der Ansatz der zulassenden und sich auf ihre femininen Kräfte verlassenden Frau – den Christy an jenem magischen Tag in Philadelphia wählte – dagegen besteht darin, einen Schritt zurückzutreten und die Details sich entwickeln zu lassen.

Das Zulassen ist ein bewusster Akt des Mutes und Vertrauens – Vertrauen in uns selbst, in andere und in das Leben selbst. Es bekräftigt, dass wir sicher sind, auch wenn wir nicht jedes Detail unter Kontrolle haben. Dadurch schaffen wir eine Quelle der Resilienz in uns selbst.

Wir entwickeln Reife, indem wir lernen, die dem Menschen innewohnende Verschiedenartigkeit anzuerkennen und zu verstehen, dass es nicht unsere Aufgabe ist, andere dazu zu überreden, sich unseren Prioritäten anzupassen, so wie es auch nicht unsere Sache ist, zu managen, was andere Leute tun oder nicht tun. Wir lernen, anderen – unseren Kindern, Partnern, Freunden und sogar völlig Fremden – die Freiheit zu gewähren, so zu sein, wie sie sind, und so zu leben, wie es ihnen gefällt.

Zulassen bedeutet nicht, dass wir mit den Lebensentscheidungen einer anderen Person einverstanden sein oder sie gutheißen müssen. Es bedeutet, dass wir erkennen, dass jeder Mensch das Recht hat, sein Schicksal selbst zu gestalten. Vor einigen Jahren nahm sich Christys Schwester das Leben und obwohl Christy mit dieser Entscheidung ihrer Schwester natürlich niemals einverstanden sein oder sie gutheißen kann, hat sie gelernt, sie zu akzeptieren. Das hat ihr die Möglichkeit eröffnet, dieses Ereignis so sein zu lassen, wie es ist, ohne dagegen anzukämpfen.

Vielleicht sagen Sie jetzt: »Das klingt ja theoretisch ganz gut, aber wie krieg ich das mit diesem ›Zulassen‹ in Situationen hin, in denen jede Faser meines Wesens nach Kontrolle verlangt?« Es stimmt, dass es einer gewissen Gewöhnung bedarf, bis man in Situationen, die nicht gut laufen, gelernt hat, die Dinge zuzulassen, anstatt sie zu kontrollieren. Hier deshalb einige Richtlinien, die bei der Entwicklung dieser Fähigkeit hilfreich sind:

1. Wenn Sie spüren, dass Sie anfangen sich zu verkrampfen, weil eine Sache nicht planmäßig verläuft, entspannen Sie sich, atmen Sie ein paar Mal tief durch und er-

kennen Sie an, dass Sie nicht allein sind und dass – ob Sie es spüren oder nicht – ein unendlich liebevolles und gütiges Universum besteht, das für Sie arbeitet.

2. Wenn Sie sich von dieser Sichtweise durchdringen lassen, achten Sie darauf, ob Sie die Bereitschaft zum Loslassen aufbringen können und sich selbst erlauben können, die Führung abzugeben. Wenn Sie das täglich üben, wird es Ihnen immer leichter fallen, diese Sie umgebende und in Ihnen wirkende Kraft zu spüren, und desto natürlicher wird es, ihr zu vertrauen und sich ihr zu ergeben. Wenn Sie diese innere Haltung des Zulassens fördern, werden Sie tatsächlich irgendwann den Punkt erreichen, an dem Sie nicht mehr das Bedürfnis oder die Notwendigkeit empfinden, andere zu kontrollieren.

Die folgende Tabelle illustriert, wie eine Geisteshaltung des Zulassens Sie wesentlich weiter und schneller in Richtung ultimativer Erfüllung bringt, als Kontrolle es je könnte – und das mit viel weniger Anstrengung und größerer Freude. Das ist nur ein kurzer Blick darauf, wie das Leben aussieht, wenn man es durch die Brille des Zulassens anstatt durch die der Kontrolle betrachtet.

Es ist deutlich, dass das Gewährenlassen eine unendlich viel stärkere Kraft ist als die Kontrolle. Was müssen wir also im Einzelnen tun, um uns an diesem machtvollen Gesetz auszurichten? Wie Sie sich vielleicht schon gedacht haben, ist *Vertrauen* von entscheidender Bedeutung, um unseren Widerstand aufzulösen und unsere Energie vom Kontrollieren zum Zulassen umzulenken.

	Wenn wir eine kontrollierende Haltung einnehmen	Wenn wir offen für das Gesetz des Zulassens sind
Wie wir das Leben wahrnehmen	* nicht unterstützend * beängstigend * schwierig * unvollkommen * unkontrollierbar und überwältigend	* von größerer Kraft gelenkt * sicher * leicht und mühelos * stimmig * unterstützend
Wie wir andere Menschen wahrnehmen	* inkompetent, unfähig und unzuverlässig * brauchen ständige Anleitung und Überwachung	* kompetent, fähig und vertrauenswürdig * unterstützend und hilfsbereit * als Quellen neuer Ideen und Ansätze
Wie andere uns wahrnehmen	* kritisch * geringschätzig und fordernd * verschlossen * rigide * hektisch * arrogant	* interessiert * wertschätzend * offen * gelassen und unbeschwert * entspannt * zugewandt
Wie wir uns fühlen	* überwältigt * verbittert * überlastet * angespannt und gestresst * isoliert und allein * wütend	* entspannt * freudig erregt und lebendig * frei * vertrauensvoll * verbunden und unterstützt * dankbar, sicher und zuversichtlich

Vertrauen – der Schlüssel, der das Gesetz des Zulassens wirksam macht

Vertrauen ist eine starke Kraft, die viele unserer Ängste entschärft. Wenn wir am Untergehen sind, ist es der Rettungsring, der uns immer wieder zurück zu unserem inneren Kern der Stabilität bringt. Im Grunde ist es ganz einfach. Je mehr Vertrauen wir in unsere eigenen inneren Ressourcen haben, desto geringer wird unser Bedürfnis nach Kontrolle und desto stärker aktivieren wir des Gesetz des Zulassens. Wenn wir lernen zu vertrauen, wächst unsere Akzeptanz und Offenheit für was auch immer geschieht, und wir reagieren unendlich viel entspannter angesichts von Veränderungen.

Männliche Energien wie Durchsetzungsvermögen, Kontrolle und Zähigkeit setzen vielleicht Dinge in Bewegung, aber die femininen Energien des Vertrauens, der Hingabe und des Glaubens versetzen uns in die Lage, zu empfangen und zu genießen, was wir erzeugt haben. Vertrauen bringt die Empfänglichkeit hervor, die der Fülle, die wir anstreben, ermöglicht, leicht und mühelos durch uns hindurchzuströmen. Sanaya Roman und Duane Packer drücken dies einfach und treffend in ihrem Buch mit dem Titel *Creating Money* aus: Vertrauen heißt, dass wir unser Herz öffnen, an uns selbst und den Reichtum des Universums glauben. Es ist die Einsicht, dass im Universum Liebe, Freundlichkeit und Unterstützung herrschen. Vertrauen ist das Wissen, dass wir ein Teil des Schöpfungsprozesses sind und an unsere Fähigkeit glauben, zu uns heranzuziehen, was wir ersehnen.[6]

In unserer Welt, die an Zeit und Raum gebunden ist, gibt es immer eine Verzögerung zwischen einer Idee und ihrer

Realisierung. Vertrauen ist wie eine unsichtbare Verbindung zwischen der immateriellen und der materiellen Welt. In dem Augenblick, in dem wir eine Absicht fassen, besteht sie bereits als Energieform, aber wartet auf den perfekten Moment, um konkrete Gestalt anzunehmen. Vertrauen beschleunigt diesen Prozess, indem es unseren Widerstand verringert und eine leichte, fließende Schwingung in uns erzeugt, die unsere Wünsche lebendig werden lässt. Je mehr wir darauf vertrauen, dass das Universum sich um die Einzelheiten kümmern wird, desto leichter und müheloser kommen unsere Wünsche zur Entfaltung.

Eine erfahrene Gärtnerin zerrt nicht an einem neuen Trieb, um zu überprüfen, ob die Wurzeln gedeihen; sie vertraut auf den Prozess, der in dem Moment in Gang gesetzt wurde, als sie die Saat pflanzte, und wartet geduldig ab, weil sie weiß, dass ihr kreatives Wirken irgendwann Früchte tragen wird. Auf die gleiche Weise können wir auch unsere Ängste lindern und unsere Kontrollsucht überwinden, indem wir uns daran erinnern, dass wir von derselben unsichtbaren Kraft unterstützt werden. Wir vertrauen darauf, dass man sich unserer annehmen wird, auch wenn wir nicht immer wissen, auf welche Weise es geschieht oder wer diese Aufgabe übernimmt.

Durch den tiefen, anhaltenden Glauben an diese gütige Kraft erken-

> *Eine erfahrene Gärtnerin zerrt nicht an einem neuen Trieb, um zu überprüfen, ob die Wurzeln gedeihen; sie vertraut auf den Prozess, der in dem Moment in Gang gesetzt wurde, als sie die Saat pflanzte, und wartet geduldig ab, weil sie weiß, dass ihr kreatives Wirken irgendwann Früchte tragen wird.*

nen wir allmählich, dass sich alles, was in unserem Leben geschieht, letztlich zu unserem Besten entfaltet. Diesen festen Glauben aufrechtzuerhalten ist natürlich nicht immer leicht, wenn das Leben uns Steine in den Weg legt – wenn wir in finanzielle Nöte geraten, einen geliebten Menschen verlieren oder unser Kind eine schmerzliche Erfahrung macht. In solchen Situationen stellt man die »wirkenden Kräfte« leicht infrage und kommt zu dem Schluss, dass das Leben sicherer ist, wenn man selbst die Regie übernimmt: *Was hast du dir dabei gedacht, Gott? Ist da oben irgendjemand, der auf mich aufpasst?* Wie eine Dreijährige, die vielleicht nicht versteht, warum ihre Eltern ihr einen Teil der Halloween-Süßigkeiten wegnehmen, verstehen wir nicht immer, warum uns etwas Negatives widerfährt. Die Eltern wissen, dass ihre gegenwärtige Vorgehensweise vielleicht frustrierend für das Kind ist, aber dafür sorgt, dass es in Zukunft gesund und sein Zahnarzt zufrieden bleibt. Die Entwicklung des Glaubens, dass »alles im Leben *für* mich und nicht *gegen* mich geschieht«, lindert den Schmerz, wenn das Unerwartete oder Unvorstellbare geschieht.

Wenn wir unsere Denkweise verändern und von Angst auf Vertrauen umstellen, fangen wir an, auf die Chancen zu achten, die sich aus Krisen ergeben. Wir fragen uns, wie wir an den Kämpfen, die wir austragen, wachsen können. Wie Emmanuel Teney, Professor für Psychiatrie an der Wayne State University in Michigan/USA, sagt: »Wenn der Glaube stärker wird, macht man die ungeheuer freudige und positive Entdeckung, dass die Notwendigkeit der Kontrolle verschwindet, dass alles von allein im Fluss ist und dass man selbst ein Teil dieses Flusses ist.« Wenn wir üben, im festen Glauben zu ruhen, können wir die Qualität unseres Lebens immens verbessern und es ausgiebig genießen, weil wir entspannt und präsent sind. Und wir lassen zu, dass es in seiner ganzen Fülle zu uns und durch uns hindurchströmt.

Die Kultivierung des Vertrauens

Es ist wichtig zu erkennen, dass Vertrauen keine »Alles oder nichts«-These ist. Es gibt viele Lebensbereiche, in denen wir voller Vertrauen sind, und in diesen Bereichen ist Kontrolle selten ein Problem. In anderen Bereichen dagegen sind unsere Knöchel praktisch weiß von dem angestrengten Versuch, alles fest im Griff haben zu wollen. So trauen wir uns selbst vielleicht zu, gewissenhafte und engagierte Eltern zu sein, aber haben keinerlei Vertrauen in unsere Fähigkeit, uns um unsere eigene Gesundheit und unser eigenes Wohlbefinden zu kümmern. Wir haben möglicherweise absolutes Vertrauen in die Treue unseres Partners, würden ihm aber unsere Kreditkarte nie in die Hand geben. Um das Gesetz des Zulassens zu aktivieren und seine Macht in allen Lebensbereichen zu nutzen, müssen wir die Orte ausfindig machen, an denen wir immer noch Widerstand leisten. Werden wir immer noch von der Überzeugung getrieben, dass etwas Schlimmes geschehen wird, wenn wir die Sache nicht selbst in die Hand nehmen und jedes mögliche Ergebnis voraussehen? Natürlich gilt trotzdem der gesunde Menschenverstand. Das Gesetz des Zulassens gibt uns nicht die Lizenz, unser besseres Urteilsvermögen zu ignorieren. Wenn Ihr Partner spielsüchtig ist oder nachweislich unverantwortlich mit Geld umgeht, werden Sie es sich natürlich zweimal überlegen, bevor Sie ihm Ihre Kreditkarte mitgeben. Dem eigenen inneren Wissen zu vertrauen, um zu erkennen, wann und wem wir

vertrauen können, ist die beste Methode, um den Widerstand aufzulösen und sich am Gesetz des Zulassens auszurichten.

Die Entwicklung von Vertrauen in Bereichen, in denen
wir uns besonders verletzlich fühlen, braucht Zeit und
überlegtes Handeln, aber es ist möglich. Es ist tatsächlich
leichter, als wenn man versucht, alles zu kontrollieren – es
ist wie Gehen ohne Gewichte an den Beinen. Wir haben
viel Übung darin, unser Kontrollvermögen unter Beweis
zu stellen. Jetzt ist es an der Zeit, unsere Last leichter zu
machen, indem wir die Kunst des Loslassens üben. Wenn
wir uns vom Kontrollie-
ren zum Zulassen be-
wegen, wird das Leben
leichter und viel amü-
santer. Wir erlangen
endlich die Freiheit, un-
sere To-do-Listen hinter
uns zu lassen und die
Würfel so fallen zu las-
sen, wie sie wollen.

> *Wenn wir uns vom Kontrollieren zum Zulassen bewegen, wird das Leben leichter und viel amüsanter. Wir erlangen endlich die Freiheit, unsere To-do-Listen hinter uns zu lassen und die Würfel so fallen zu lassen, wie sie wollen.*

Wir können unseren
Partnern hin und wieder
die Führung überlassen
und dann den neuen Weg genießen, auf den sie uns leiten.
Wir können darauf vertrauen, dass unsere Mitmenschen
ihre Aufgaben erfolgreich erledigen, ohne dass wir ihnen
ständig über die Schulter schauen müssen. Vor allem wird
das Leben sorgenfreier und freudvoller, wenn wir anfangen, in der Gewissheit zu ruhen, dass alles, was geschieht,
zu unserem umfassenderen Wohl beiträgt. Beziehungen
werden harmonischer und wir gelangen mit größerer
Leichtigkeit zu Ergebnissen. Alle möglichen Formen von

Magie entfalten sich, wenn wir uns selbst erlauben, im Innern des Geheimnisvollen zu leben. Die Formel lautet folgendermaßen: Wer mehr vertraut, kontrolliert weniger. Je weniger man kontrolliert, desto weniger Widerstand leistet man. Je weniger Widerstand man leistet, desto leichter empfängt man alles, um das man gebeten hat.

Die folgende Übung erleichtert es Ihnen, Überzeugungen zu erkennen, die Sie davon abhalten, die anmutige Entfaltung des Lebens zuzulassen.

Bitch-Tipp für das Vertrauen

* Erinnern Sie sich selbst daran, dass das Leben es an sich hat, immer auf das Beste hinauszulaufen. Denken Sie an eine aktuelle oder frühere Situation, in der etwas, was zunächst wie ein Problem oder Fluch wirkte, sich letztlich als Segen erwies.

* Stellen Sie eine Liste all der Situationen zusammen, in denen das Leben Sie tatsächlich unterstützt hat – zum Beispiel wie Ihre Freundin genau in dem Moment anrief, in dem Sie das Gefühl hatten, kurz vorm Zusammenbruch zu stehen; wie Ihr Ehemann ein Essen mitbrachte, als Sie Überstunden machen mussten; wie Ihr Geschäftspartner Ihnen das Dokument faxte, das Sie im Büro liegen gelassen hatten; wie Ihr Nachbar die Mülltonnen an die Straße brachte, als sie selbst es vor Antritt einer Reise vergessen hatten.

Übung: Die Verwandlung von Kontrolle in Zulassen

Nehmen Sie sich 20 bis 30 Minuten Zeit, um diese Übung auszuführen. Sorgen Sie dafür, dass Sie ein Tagebuch oder Papier und Stift griffbereit haben, damit Sie sich alle Einsichten oder Handlungen, die sich möglicherweise ergeben, notieren können.

Gestatten Sie sich selbst als Erstes, sich an eine jüngere Erfahrung zu erinnern, bei der Sie sich bei dem Versuch, etwas oder jemanden zu kontrollieren, ertappt haben. Vielleicht war das bei der Arbeit, beim Zusammensein mit Freundinnen oder gegenüber Ihrem Partner und Ihren Kindern. Vergegenwärtigen Sie sich die Situation noch einmal ganz genau. Stellen Sie sich die an der Situation beteiligten Personen und die Umstände, die ihr vorausgegangen sind, so lebendig wie möglich vor. Welche Strategien haben Sie angewendet, um die Kontrolle zu übernehmen? Waren Ihre Taktiken offen oder passiv aggressiv? Seien Sie so ehrlich mit sich selbst wie möglich und schreiben Sie alle Details auf, an die Sie sich erinnern können.

Denken Sie daran, dass alle Kontrollversuche durch Angst angetrieben werden, und versuchen Sie, sich ins Gedächtnis zu rufen, was Sie in jenem Augenblick empfunden haben. Geben Sie sich selbst die Erlaubnis, verletzlich zu sein und die zugrunde liegende Unsicherheit zu spüren, die Ihr Kontrollverhalten auslöste. Fragen Sie sich selbst: »Wovor hatte ich Angst?« und gestatten Sie sich, alle möglicherweise auftauchenden Antworten zu hören. Lassen Sie sich selbst die Unwirksamkeit der Kontrolle spüren. Durchleben Sie die Enttäuschung, wenn Ihre Versuche, eine Situation zu beeinflussen, nicht funktionieren, oder schlimmer noch, wenn sie nach hinten losgehen. Spüren Sie die Machtlosigkeit, die aus dem Versuch erwächst, einen anderen Menschen als sich selbst kontrollieren zu wollen.

Achten Sie auf die Gedanken, durch die diese Gefühle ausgelöst wurden. Seien Sie gütig und geduldig mit sich selbst, während Sie sie aufschreiben.

Dringen Sie jetzt tiefer vor und decken Sie die Grundüberzeugung auf, die zu diesen Gedanken führte. Lassen Sie es zu, dass sich diese Überzeugung von selbst offenbart. Wie fühlen Sie sich, während Sie an dieser Überzeugung festhalten? Fühlen Sie sich verängstigt und verwundbar? Angespannt und schutzlos?

Wenn Sie die zugrunde liegende Überzeugung betrachten, fragen Sie sich selbst, welche neue Überzeugung Sie übernehmen könnten, durch die Sie sich entspannter und leichter fühlen würden. Welche Aussagen, die Sie stärkende Verhaltensweisen fördern würden, könnten Sie bestätigen? Probieren Sie aus, was Sie bei den folgenden Statements empfinden:

* *Ich weiß, dass ich auf wunderbare und unerwartete Weise unterstützt werde.*
* *Ich bin offen für das Gute, das in Hülle und Fülle vorhanden ist.*
* *Ich vertraue darauf, dass ein liebevolles und großzügiges Universum alle meine Bedürfnisse erfüllt.*
* *Ich lasse es zu, dass Fülle mich durchströmt.*
* *Ich verbinde jeden Bereich meines Lebens mit Vertrauen.*

Halten Sie das Statement Ihrer neuen Überzeugung in Ihrem Tagebuch fest und verankern Sie es tief in Ihrem Bewusstsein, indem Sie es mehrmals laut wiederholen. Nehmen Sie die Bedeutung der Aussage voll und ganz in sich auf.

Stellen Sie sich jetzt selbst die Frage, was Sie – jetzt sofort oder in Zukunft – tun könnten, um Ihre Verhaltensweisen an dieser neuen Überzeugung auszurichten. Könnten Sie:

* *mehr delegieren?*
* *einige Punkte von Ihrer Liste streichen, um sich einige dringend benötigte Ausfallzeiten zu gönnen?*

Schreiben Sie alle Ideen auf, die Ihnen in den Sinn kommen, und achten Sie darauf, dass die ausgewählten Handlungsschritte nicht von der Zustimmung oder Beteiligung irgendeiner anderen Person abhängig sind.

Erlauben Sie sich selbst, so zu fühlen, wie Sie fühlen würden, wenn Sie diese Handlungsschritte tatsächlich unternehmen würden. Wären Sie entspannter? Unbeschwerter? Nehmen Sie sich fest vor, Ihre Absicht in die Tat umzusetzen. Rufen Sie sich Ihre neue, Sie stärkende Überzeugung mehrmals am Tag ins Gedächtnis und lassen Sie sich von der Wahrheit der Aussage durchdringen.

Lassen Sie mit Ihrem nächsten Atemzug bewusst und absichtlich den Rest los. Erlauben Sie sich selbst, alles loszulassen, was Sie nicht kontrollieren können. Nehmen Sie sich einen Moment Zeit, um dieses Gefühl auszukosten.

Bitch-Tipp

Sie sind gestresst, weil Sie das Gefühl haben, die Verhaltensweisen von allen anderen bis ins kleinste Detail managen zu müssen? Atmen Sie tief ein und lassen Sie los, weil Sie wissen, dass es eine Kraft gibt, die viel größer ist als Sie selbst (und die anderen) und die Sie leitet. Ihre einzige Aufgabe ist es, sich dieser Macht hinzugeben und sie zuzulassen.

Kapitel 3
Die wettbewerbsorientierte Alpha

Wenn es etwas gibt, das eine echte Alpha-Bitch dazu bringt, die Zähne zu blecken, dann ist das Konkurrenz. Was diese Frau mehr als alles andere in Wallung bringt, sind Geschichten über die Leistungen oder Errungenschaften einer anderen Frau. Manchmal machen wir Witze darüber, dass die wettbewerbsorientierte Alpha über ein 100-prozentiges peripheres Sehvermögen verfügt und ständig aus den Augenwinkeln beobachtet, wer was tut und wer in der Lage sein könnte, sie in irgendeiner Form zu übertreffen.

Wenn eine Alpha-Bitch sich selbst als Spitzenreiterin wahrnimmt, fühlt sie sich selbstzufrieden und energiegeladen. Wenn sie hingegen den Kürzeren gegenüber ihren Konkurrentinnen zieht, wird sie wahrscheinlich mit Rückzug und Depression reagieren oder in eifersüchtiger Wut um sich schlagen. Für diese Frau ist das Leben ein ständiges Sieger-Verlierer-Spiel und sie ist besessen vom Punktestand. Sie muss beweisen, dass sie die Beste bei allem ist, von ihrer Figur über die Größe ihres Diamantrings bis hin zum Prestige ihrer beruflichen Stellung. Sie ist erst zufrieden, wenn klar ist, dass sie den erfolgreicheren Ehemann und das größere Haus hat oder dass niemand die Yoga-Position des herunterschauenden Hundes so perfekt beherrscht wie sie.

Courteney Cox als Monica Geller, die leicht neurotische und höchst kampfbereite Figur aus der Sitcom *Friends*, stellt die wettbewerbsorientierte Alpha dar. Ihr Ensemble von Mittzwanzigern erträgt ihr verrücktes konkurrenzorientiertes Wesen, auch wenn sie völlig außer Kontrolle gerät. Wenn Sie wie wir ein Fan der Serie sind, erinnern Sie sich bestimmt an das Football-Spiel am Thanksgiving-Tag, an dem sie auf dem Feld blieb, lange nachdem das Essen vorbei war und alle anderen gegangen waren, weil sie sich nicht damit abfinden konnte, dass ihr Bruder das siegreiche Touchdown (und natürlich den begehrten »Geller-Cup«) für sich in Anspruch nahm. Ein anderes Beispiel war der »Scrabble-Zwischenfall«, bei dem sie einer Freundin tatsächlich das Brett an den Kopf warf, weil sie das Spiel verlor. Unsere Lieblingsepisode ist diejenige, in der sie herausfindet, dass sie schreckliche Massagen gibt. Die Vorstellung, dass sie nicht die Beste in irgendetwas ist, macht sie völlig verrückt. Um sie zu besänftigen, sagt Chandler: »Du gibst die besten *schlechtesten* Massagen. Wenn es eine Trophäe für schlechteste Massagen gäbe, würdest du sie bekommen!« Das funktioniert und beruhigt ihren krankhaften Konkurrenzdrang zumindest vorübergehend.

Am Arbeitsplatz gilt das auf scharfe Konkurrenz eingestellte Wesen dieser Alpha im Prinzip als etwas Positives. Schließlich ist die Wirtschaftswelt ein Bereich, in dem Konkurrenzfähigkeit sehr geschätzt wird. Eine kleine Dosis dieser Alpha-Spielart könnte man durchaus als Guthaben betrachten. Ihre hyperehrgeizige Natur kann andere zu Höchstleistungen anspornen und ihr Bedürfnis, die Konkurrenz aus dem Feld zu schlagen, kann von Vorteil für ihre Arbeitgeber sein. Doch wenn diese Zähigkeit zur Obsession wird, kann ihr scharfer Wettbewerbsdrang sie direkt in den Abgrund führen. Die wettbewerbsorientierte Alpha, die Angst hat, ihren hart erkämpften Job-Status zu verlieren, wird alles Erdenkliche tun, um andere am Aufstieg zu hindern. Sie wird zur Torwächterin, die ihr Revier gegen jeden wahrgenommenen Eindringling erbittert verteidigt. In ihrem Drang, die Branche zu beherrschen, saugt sie alle Informationen auf, die ein unvoreingenommener Mentor ihr anbietet, um ihn dann anschließend zu hintergehen. Sie ergreift jede Gelegenheit, um ihre Vorgesetzten hinauszudrängen und selbst ihren Platz einzunehmen. Die wettbewerbsorientierte Alpha hat bei der Arbeit weder Angst, alles Notwendige zu tun, um voranzukommen, noch leidet sie unter schlechtem Gewissen. Sie kann skrupellos sein – schiebt sich an Kollegen vorbei, stößt Kunden vor den Kopf und erweist sich letztendlich eher als kontraproduktiv denn als nützlich.

Sogar in ihren Partnerschaften empfindet die wettbewerbsorientierte Alpha die Notwendigkeit, ihren Partner auszustechen. Beobachten Sie einmal, wie schnell sie ihren Mann aus dem Rampenlicht drängt, wenn Freunde mehr Interesse an ihm als an ihr zu haben scheinen. Sie fährt ihm über den Mund, erzählt seine Geschichten zu Ende und sorgt dafür, dass sie die lautesten Lacher und die meiste Aufmerksamkeit erhält. Falls er bei der Arbeit befördert wird oder eine Gehaltserhöhung bekommt, setzt sich das Räderwerk ihres Konkurrenzdenkens in Gang und sie versucht herauszufinden, wie sie ebenfalls aufsteigen kann. Anstatt ihren Partner zu ermutigen oder seine Siege mit ihm zu feiern, feuern seine Erfolge nur ihre »Ausstechen um jeden Preis«-Haltung an. Alle Freizeitaktivitäten, die sie gemeinsam unternehmen, arten zum Konkurrenz-kampf aus, bei dem es darum geht, wer gewinnt – wer am weitesten laufen, am schnellsten Ski fahren oder beim Tennis am besten aufschlagen kann. Sie konkurriert möglicherweise sogar um die Zuneigung der Kinder. Wenn sie Trost bei ihrem Vater suchen, betrachtet sie dies als Bedrohung – oder schlimmer noch – als direkten Affront. »Ich habe dieses Kind neun Monate lang ausgetragen«, schäumt sie. »Wieso zieht es dich vor?«

Die wettbewerbsorientierte Alpha vergleicht unter Umständen sogar ihren Partner mit Männern, die sie für besser hält als ihn. »Warum kann er nicht genauso viel Geld verdienen wie der Ehemann meiner Freundin?« Oder: »Warum kann er nicht so zärtlich sein wie der Freund meiner Schwester?« Oder: »Cindys Mann Tom ist so klug. Mit so einem Mann sollte ich auch zusammen sein.« Ihr Wettbewerbsdrang kann überschwappen und ihn ertränken, so dass er sich schließlich unzulänglich, unfähig und verbittert fühlt.

Als Mutter wird die wettbewerbsorientierte Alpha sicherstellen, dass ihre Kinder im Mittelpunkt stehen. Sie müssen die Hauptrollen in Schulaufführungen erhalten, die allerbesten Zensuren bekommen und Spitzenpositionen bei jeder Sportart belegen. Sie wird sich große Mühe geben, um allen zu erzählen, dass ihre Kinder früher als alle anderen ihr Töpfchen-Training gemeistert, nachts durchgeschlafen und das ABC gelernt haben oder von prestigeträchtigen Schulen angenommen wurden. Sie prahlt ständig mit den Leistungen ihrer Kinder gegenüber jedem, der es hören – oder nicht hören – will. Es ist entnervend zu beobachten, wie weit sie geht, um mit anderen Eltern Schritt zu halten, wenn es um die Kinder geht. Wenn man erwähnt, dass die eigene Tochter gerade mit dem Ballett-unterricht bei einer bekannten Lehrerin begonnen hat, wird ihre kleine Chelsea noch vor Sonnenuntergang in dem Kurs angemeldet sein. Sagt man, dass der eigene Sohn Basketball an der Uni spielt, wird ihr Andrew bis Mitter-nacht drei Bälle im Korb haben.

Ihr Hang zum Wettbewerb zeigt sich nicht nur in Be-zug auf ihre Kinder. Sie muss die Beste sein – die ordent-lichste, die dünnste, die bestangezogene und die belieb-teste Mutter. Ihr Haus muss das sauberste sein, ihr Ehemann der liebevollste und ihr Lifestyle der beneidens-werteste. Sie setzt ihre Familie und sich selbst enormem Druck aus, damit alles perfekt ist. Sie ist die Mutter, die wie aus dem Ei gepellt bei der Spielgruppe erscheint, sprü-hend vor übertrieben guter Laune und mit einer Wagen-ladung selbstgemachter, zuckerfreier Snacks für die ganze Gruppe, während man selbst es nicht geschafft hat, sich die Zähne zu putzen oder das T-Shirt mit der Babyspucke zu wechseln – und die eigenen Kinder natürlich gerade gekaufte Gummiwürmer von der nährstofffreien Zucker-bombensorte kauen. Verglichen mit ihr kommt man sich vor wie der Inbegriff der Rabenmutter – die eigene schlam-pige Aufmachung und schlechte Einstellung, vom schlech-ten Atem ganz zu schweigen, schreien förmlich *schlechte Mutter*.

Bei ihren Freundinnen sind die Verhaltensweisen der wettbewerbsorientierten Alpha berüchtigt – der Stoff, aus dem Reality-TV gemacht ist. Um sicherzustellen, dass sie in Jeans besser aussieht als ihre Freundin, treibt sie jeden Morgen eisern Fitness, um sich körperlich in Form zu hal-ten. Sie profiliert sich engagiert als lebenskluge Freundin, an die sich alle wenden, wenn sie Rat brauchen. Sie riskiert möglicherweise sogar, sich zu verschulden, wenn es ihr da-

durch bei einem gemeinsamen Abend mit Freundinnen
gelingt, dass ihr Schmuck, ihre Kleidung und ihre Handta-
sche die größte Aufmerksamkeit erhalten.

Die wettbewerbsorientierte Alpha ist so geschickt in
der Kunst, anderen immer um eine Nasenlänge voraus zu
sein, dass sie unter Umständen nicht einmal merkt, dass sie
es tut. Wenn man ihr erzählt, wie aufgeregt man wegen der
bevorstehenden Mittelmeerkreuzfahrt ist, weist sie garantiert darauf hin, dass sie auch schon dort war, auf einem
größeren Schiff natürlich. Gibt man ihr einen Insider-Tipp
über einen neu entdeckten Schnäppchenmarkt, hat sie
sich, bevor es dunkel wird, alle Teile besorgt, die man
selbst erstanden hat. Wenn man ihr von den eigenen Träumen und Hoffnungen erzählt, findet sie eine Möglichkeit,
den anderen mit noch kühneren Zielen zu schlagen. Sie hat
nicht die Absicht, irgendjemanden zu verletzen. Tatsächlich ist sie sich wahrscheinlich nicht einmal bewusst, dass
sie den anderen die Schau stiehlt. Die Angewohnheit, immer die Nummer eins sein zu wollen, sitzt so tief, dass sie
einfach nur das starke Bedürfnis empfindet, alle anderen
abzuhängen. Der Drang, die Beste in jeder Beziehung zu
sein, hebt den gesunden Menschenverstand und gesell-
schaftliche Umgangsformen auf.

Die Spiele sind eröffnet ...

Da ihr Glück so eng damit verbunden ist, die Nummer
eins zu sein, arbeitet die wettbewerbsorientierte Alpha extrem hart, um diesen Titel zu gewinnen. Und sie kann ausgesprochen gnadenlos sein, wenn es darum geht, ihre Stellung zu verteidigen. Obwohl die meisten Alphas
genügend Selbstbeherrschung besitzen, um innezuhalten,

bevor sie sich auf völlig skrupellose Manöver einlassen, gibt es immer die Ausnahme von der Regel – die Alpha, deren Konkurrenzdurst so unstillbar ist, dass sie zu hinterhältigen Maßnahmen greift. So »vergisst« sie vielleicht, eine wichtige Nachricht an eine Kollegin weiterzugeben, oder brüskiert eine gute Freundin, wenn sie sich dadurch einen Platz in einem begehrenswerteren sozialen Zirkel sichern kann. Sie nimmt die Kollegin aufs Korn, deren beruflicher Aufstieg schneller verläuft als ihr eigener, und sucht in dem Bestreben, sich dennoch überlegen zu fühlen, nach Möglichkeiten, die andere auf persönlicher Ebene zu übertreffen. Wenn sie verzweifelt genug ist, kreuzt sie vielleicht sogar in ihrem kürzesten Minirock bei der Konkurrentin auf, um deren Ehemann zu fragen, ob er ihr beim Aufhängen der Christbaumkugeln hilft.

Schalten Sie eine beliebige Folge von *Desperate Housewives* an und Sie können sehen, wie die wettbewerbsorientierte Alpha ihre perfekt manikürten Krallen ausfährt. Einige dieser Frauen wenden brutale Taktiken an. Und obwohl die meisten Frauen sich nicht auf diese extremen Ebenen des Konkurrenzkampfes begeben, müssen wir alle zugeben, dass wir auch schon ein- oder zweimal dort waren. Beantworten Sie die folgenden Fragen, um zu überprüfen, wo Sie selbst auf der Skala der wettbewerbsorientierten Alpha stehen:

Die Konkurrentin – wie viel dieser Alpha steckt in Ihnen?

Kreuzen Sie jeweils die Aussage an, die am ehesten auf Sie zutrifft:

1. Wenn Sie ein Tennismatch gegen eine Freundin verlieren, …

   A sind Sie stolz, weil Sie sich angestrengt und ordentlich Sport getrieben haben.

   B bringen Sie Entschuldigungen für Ihr schlechtes Abschneiden vor – schlecht geschlafen, antiquierter Schläger, eine alte Sportverletzung aus dem College, die sich wieder gemeldet hat.

   C gratulieren Sie ihr, aber weisen darauf hin, dass Sie sie die letzten beiden Male geschlagen haben.

   D suchen Sie sich eine neue Tennispartnerin.

2. Ihre langjährigen Nachbarn verkünden, dass sie ihr Haus verkaufen und in eine bessere Gegend ziehen …

   A Sie wünschen ihnen alles Gute und stauben ein paar alte Terrassenmöbel ab.

   B Sie sind erleichtert, dass Sie selbst keinen so großen Kredit aufnehmen müssen.

   C Sie finden Ihr reizendes Zuhause klein und trostlos und fangen an, von einem Totalumbau zu träumen.

   D Sie beschließen, dass Ihre Familie in eine noch bessere Gegend ziehen sollte als die Nachbarn, auch wenn das bedeutet, dass Sie über Ihre Verhältnisse leben.

3. Eine gute Freundin prahlt damit, dass ihr dreijähriger Sohn (oder Enkel) bereits Klavierkonzerte gibt …

A Sie gratulieren ihr zur Weitergabe ihrer außergewöhnlichen Gene und lassen es gut sein.

B Sie listen blitzschnell die Top-ten-Leistungen Ihres eigenen Sohnes auf, auch wenn Pastaessen die Nummer eins auf dieser Liste ist.

C Sie loggen sich, wenn Sie wieder zu Hause sind, sofort in den Computer ein, um einen Crash-Kurs für Cello oder Mandarin zu finden.

D Sie erinnern sich selbst daran, dass Kinder ihre Brillanz in unterschiedlichen Stadien und auf unterschiedliche Weise zum Ausdruck bringen.

4. Sie wollen mit einer Arbeitskollegin Essen gehen. Sie besteht darauf zu fahren, damit sie mit ihrem brandneuen BMW angeben kann. Während sie von dessen Vorzügen schwärmt, …

A kurbeln Sie das Fenster herunter, drehen die Anlage auf und brüllen: »Platz da!«

B beglückwünschen Sie sie zu ihrer Neuerwerbung, machen aber eine hinterhältige Bemerkung über den Schaden, den sie der Ozonschicht zufügt, oder weisen darauf hin, dass Mercedes eine viel bessere Automarke ist.

C trösten Sie sich mit dem Gedanken an die Schuldenlawine, die auf Ihre Kollegin zurollt.

D schneiden Sie ein Thema an, von dem Sie wissen, dass es Ihrer Kollegin unangenehm ist, um
sie von ihrem hohen Ross herunterzuholen.

5. Sie wollen mit einer Freundin auf eine Party gehen. Als sie bei Ihnen ankommt, um sie abzuholen, trägt sie ein supersexy Kleid. Sie …

A fühlen sich inspiriert und bitten Ihre Freundin, Ihnen dabei zu helfen, Ihr eigenes Outfit
etwas aufzupeppen.

B sagen ihr, dass sie toll aussieht, lästern dann
aber über sie, wenn Sie auf der Party sind.

C geben ihr Ihren längsten Trenchcoat mit dem
fürsorglichen Hinweis, dass es draußen bitter-
kalt ist.

D ziehen etwas anderes an, in dem Sie sich überhaupt nicht wohlfühlen, nur damit Ihre
Freundin Sie nicht aussticht.

6. Bei einem Baseballspiel der A-Jugend trifft der
Schiedsrichter eine zweifelhafte Entscheidung,
die Ihren Sohn um seine Chance auf einen perfekten Spielzug bringt …

A Sie sind zunächst aufgebracht, aber beschließen dann, es als Gelegenheit zu nutzen, um zu
erklären, dass falsche Entscheidungen ein Teil
des Lebens sind.

B Sie machen eine scharfe Bemerkung in Richtung des Schiedsrichters, lassen es aber damit
gut sein.

C Sie regen sich über den Zwischenfall so sehr
auf, dass Sie a) den Rest des Spiels verpassen;

b) die anderen Eltern verärgern; c) Ihrem Sohn peinlich sind oder d) alles drei.

D Sie stürmen auf das Spielfeld und sprechen dem Schiedsrichter sein Amt und seine Männlichkeit ab.

7. Als Sie Ihre Mitbewohnerin aus dem Studentenheim nach über einem Jahr zum ersten Mal wiedersehen, stellen Sie verblüfft fest, dass sie nicht mehr Kleidergröße 44, sondern höchstens 38 hat. Nach dem ersten Schock …

A ergreifen Sie die Gelegenheit, um sie nach ihren erfolgreichen Diät- und Sportstrategien zu fragen.

B verweigern Sie jegliche Nahrungsaufnahme und sind den ganzen Abend angefressen, obwohl sie eigentlich das Wiedersehen mit alten Freunden feiern wollten.

C bieten Sie an, für alle zu kochen und mischen tonnenweise Butter in das Essen Ihrer Freundin.

D spielen Sie bei jedem Gesprächsthema ihre intellektuelle Überlegenheit aus. Sie sind vielleicht nicht die Schlankste, aber werden keinen Zweifel daran lassen, dass Sie die Klügste sind.

8. Sie und Ihre Freundin haben zum gleichen Zeitpunkt in derselben Firma angefangen zu arbeiten, aber weil Ihre Freundin eine Kinderfrau eingestellt hat, die sich um ihren Nachwuchs kümmert, während Sie ein Jahr lang zu Hause geblie-

ben sind, ist sie mittlerweile in eine Führungsposition aufgestiegen. Sie …

A sind froh, dass Sie eine Ihrer Vorgesetzten schon so lange kennen und ein gutes Verhältnis zu ihr haben.

B haben ein bisschen Schwierigkeiten, ihre Freundin in der neuen Autoritätsposition zu respektieren, arbeiten aber trotzdem gut mit ihr zusammen.

C missgönnen ihr, dass sie so schnell Karriere gemacht hat, sagen aber nichts, um das Gesicht zu wahren.

D stellen die Wertvorstellungen Ihrer Freundin in Gegenwart von Kollegen infrage, indem Sie sagen, der Beruf sei ihr wichtiger gewesen als die Familie.

9. Bei einem gemeinsamen Dinner benimmt sich eine Ihrer Freundinnen ein bisschen zu freundlich gegenüber Ihrem Ehemann. Sie …

A gehen im Moment darüber hinweg, aber sagen ihr später, dass ihr Benehmen Ihnen unangenehm war.

B sagen nichts, aber wenn Blicke töten könnten …

C fangen an, mit *ihrem* Ehemann zu flirten, damit sie merkt, wie sich das anfühlt.

D sprechen mit allen außer mit Ihrer Freundin über den Zwischenfall und sagen, sie »sollten ihre Ehemänner festhalten«, wenn sie in der Nähe ist.

10. Auf einer zwanglosen Wanderung mit Freunden fällt Ihnen auf, dass eine Frau ständig an der Spitze geht. Sie …

A lassen sie die Führung übernehmen; sie kann alle anderen vor losem Geröll und rutschigen Stellen warnen!

B denken, dass die Frau sich für fitter hält als alle anderen und sich deshalb an die Spitze setzt. Sie beschließen, ihr zu beweisen, dass sie sich irrt.

C nutzen die Zeit als Schlusslicht der Gruppe, um sich mit Freundinnen auf den neuesten Stand zu bringen.

D wünschen sich insgeheim, dass sie hinfällt und in giftigem Gestrüpp landet.

Punkteschlüssel:
1. a-1, b-3, c-4, d-5 ✳ 2. a-1, b-2, c-4, d-5 ✳
3. a-1, b-4, c-5, d-2 ✳ 4. a-1, b-4, c-3, d-5 ✳
5. a-1, b-4, c-3, d-5 ✳ 6. a-1, b-3, c-4, d-5 ✳
7. a-1, b-3, c-5, d-4 ✳ 8. a-1, b-2, c-4, d-5 ✳
9. a-1, b-3, c-4, d-5 ✳ 10. a-2, b-3, c-1, d-5

Auswertung:
Zählen Sie die Punkte zusammen, die den Buchstaben Ihrer Antworten entsprechen.

Bis 20 Punkte: Sie müssen sich keine Sorgen machen. Auch wenn Sie einige Züge einer wettbewerbsorientierten Alpha haben, bringen Sie diese nicht durch Konkurrenzverhalten zum Ausdruck.

21 bis 35 Punkte: Es besteht die hohe Wahrscheinlichkeit, dass Ihre Fixierung auf das, was andere
Frauen tun oder besitzen, Ihre eigene Kreativität
schwächt.

35 bis 50 Punkte: Sie sind sehr wahrscheinlich erschöpft von dem ständigen Vergleich und Konkurrenzkampf mit anderen Frauen. In diesem Kapitel
werden Sie lernen, wie Sie die Synergiewirkung der
Kooperation nutzen können, um den Erfolg müheloser in Ihr Leben zu ziehen, während Sie gleichzeitig
zulassen, dass andere das Gleiche tun.

Wir alle tun es, aber warum?

Die Konkurrenz unter Frauen ist ein schmutziges kleines
Geheimnis, das nur wenige von uns gern zugeben. Frauen
wollen nicht darüber reden, weil sie fürchten, das Klischee
von der weiblichen Boshaftigkeit und Gehässigkeit zu verstärken, und Männer wollen nicht darüber reden, weil sie
nicht sexistisch wirken wollen. Dennoch verhalten sich
viele von uns selbst so, kennen eine Person, die es tut,
und/oder haben dieses unangenehme Verhalten schon einmal in einer Beziehung zu einer anderen Frau erlebt.

Aus der Distanz betrachtet, finden wir diese Frau, die
alles zu haben scheint und definitiv keine Scheu hat, damit
zu prahlen, vielleicht unsympathisch oder wir beneiden sie
sogar; aber um zu verstehen, *warum* sie sich so verhält,
müssen wir ein bisschen genauer hinschauen.

Das Konkurrenzdenken orientiert sich an der falschen
Überzeugung, dass wir, um gut genug zu sein, beweisen

müssen, dass wir die besten sind – und dass unser eigener Glanz irgendwie leidet, wenn andere auch glänzen. Weil wir uns zutiefst bedroht fühlen, betrachten wir andere Frauen als Gegnerinnen, Feindinnen und Rivalinnen anstatt als Partnerinnen und Vertraute. Gefühle der Unsicherheit und Unzulänglichkeit sind die verborgenen Mechanismen, die uns zur Konkurrenz statt zur Kooperation treiben. Zu gewinnen gibt uns vorübergehend das Gefühl, wertvoll und wichtig zu sein, aber da es uns an echter Selbstliebe mangelt, sind wir ständig getrieben, außerhalb unserer selbst nach Beweisen für unseren inneren Wert zu suchen, was dazu führt, dass wir, sogar wenn es uns gelingt, nie zufrieden sind.

Gefühle der Unsicherheit und Unzulänglichkeit sind die verborgenen Mechanismen, die uns zur Konkurrenz statt zur Kooperation treiben. Zu gewinnen gibt uns vorübergehend das Gefühl, wertvoll und wichtig zu sein, aber da es uns an echter Selbstliebe mangelt, sind wir ständig getrieben, außerhalb unserer selbst nach Beweisen für unseren inneren Wert zu suchen, was dazu führt, dass wir, sogar wenn es uns gelingt, nie zufrieden sind.

Die Schlacht gewinnen, aber den Krieg verlieren

Die Bewunderung, die wir durch konkurrenzorientiertes Taktieren ernten, verleiht uns kurzfristig ein Gefühl von Wert, aber das Gefühl hält niemals lange an. Um diese falsche Selbstachtung aufrechtzuerhalten, müssen wir ständig neue Gegnerinnen finden und »schlagen«. Und was das Ganze noch schlimmer macht, ist, dass unser Hunger nach Anerkennung und Zustimmung so groß ist, dass er uns blind für die Folgen unseres Verhaltens macht. Erst wenn wir den Respekt unserer Arbeitskollegen oder die Loyalität unserer Freundinnen verlieren, begreifen wir den wahren Preis, den wir für unsere extreme Konkurrenzhaltung bezahlen.

Die wettbewerbsorientierte Alpha in der Arbeitswelt

Am Arbeitsplatz kann unser Konkurrenzdrang so ausgeprägt sein, dass wir zu hinterhältigen oder destruktiven Maßnahmen greifen, um beruflich voranzukommen. Obwohl wir unser Handeln vielleicht rechtfertigen, indem wir uns selbst sagen, es gehöre »einfach zum Geschäft«, beeinträchtigen unsere gnadenlosen Taktiken letztendlich unsere Integrität. In den meisten Branchen ist der Ruf alles. Wenn wir uns stärker dafür engagieren, unsere Gegner zu schlagen, als einen Beitrag zum allgemeinen Arbeitserfolg zu leisten, gefährden wir nicht nur unseren Ruf, sondern auch den unserer Firma. Misstrauisch gegenüber unserer Werthaltung bitten Kunden möglicherweise darum, mit einem anderen Kollegen arbeiten zu dürfen, oder suchen sich gleich ein anderes Unternehmen. Mitarbeiter, die unsere Intrigen satthaben, setzen möglicherweise alle Hebel in Bewegung, um Projekten zugeteilt zu werden, an denen wir nicht beteiligt sind. Der Ansatz der wettbewerbsorientierten Alpha bringt uns vielleicht ein oder zwei Verkaufsabschlüsse oder eine größere Beförderung ein, aber was haben wir auf lange Sicht davon, wenn wir dabei unseren Namen in Verruf bringen?

Bitch-Tipps für wettbewerbsorientierte Kolleginnen

* Konzentrieren Sie sich darauf, Ihren Job nach besten Kräften zu erledigen, und widerstehen Sie dem Drang, zu überprüfen, wie gut die anderen sind.
* Denken Sie daran, dass das Bedürfnis der wettbewerbsorientierten Alpha nach Anerkennung aus Unsicherheit, nicht aus Selbstvertrauen erwächst. Wenn Sie sich Ihre Begabungen und Leistungen bewusst machen, überwinden Sie die Unsicherheiten.
* Reichen Sie Ihren Kollegen die Hand und verbinden Sie sich mit ihnen. Ideen auszutauschen und von den gegenseitigen Stärken zu profitieren trägt dazu bei, den kreativen Funken lebendig zu halten.

Die wettbewerbsorientierte Alpha als Partnerin

Konkurrenz treibt einen gewaltigen Keil in die Intimität mit unseren Partnern. Anstatt ein Team zu bilden, behandeln wir einander oft wie Gegner. So harmlos das Gezänk wirken mag, mit der Zeit können die kleinen Seitenhiebe den Goodwill aus unserer Beziehung verdrängen. Machtkämpfe und Verleumdungen führen dazu, dass wir uns miteinander messen, und machen Liebende zu Rivalen. Wir fragen uns, warum er uns seine Gefühle nicht zeigt oder sich so zurückhaltend verhält, wenn wir da sind. Der Grund ist, dass Konkurrenz ihn abstößt und gleichzeitig sowohl seine Bereitschaft als auch seine Fähigkeit einschränkt, offen zu sein und uns zu sagen, was er denkt. Schließlich sind wir ständig bereit, ihm seine Erfolge wegzuschnappen – wollen ihm immer um eine Nasenlänge voraus sein, prahlen auf seine Kosten, wenn er unsere Erwartungen nicht erfüllt, oder spielen seine Leistungen herunter, indem wir mit den Augen rollen und gleichgültig tun. Warum sollte er seine Triumphe oder seine tiefsten Sorgen mit uns teilen wollen? Tatsächlich ist seine Frau wahrscheinlich der letzte Mensch, mit dem er sich sicher genug fühlen würde, seine Verletzlichkeit zu zeigen. Zwar gewinnen wir kurzfristig ein Gefühl der Überlegenheit, aber zu welchem Preis? Denken Sie daran, dass Sie im selben Team spielen, wenn Sie ihn also ein paar Stufen herabsetzen (so befriedigend das für das eigene Ego sein mag), setzen Sie sich selbst – ebenso wie Ihre Partnerschaft – herab.

Bitch-Tipp für wettbewerbsorientierte Partnerinnen

* Machen Sie es sich zur Gewohnheit, Ihren Partner aufzubauen, nicht ihn zu demontieren. Nutzen Sie jede Gelegenheit, um ihm Anerkennung zu zollen, nicht nur für das, was er tut, sondern auch für das, was er ist.

* Wenn Sie mitbekommen, wie andere Ihrem Partner Komplimente machen, machen Sie mit und stimmen Sie zu. Das ist eine perfekte Gelegenheit, um den Mann, den Sie ausgewählt haben, zu bewundern.

* Teilen Sie die Liebe. Wenn andere *Sie* loben, vergessen Sie nicht, ihn miteinzuschließen. Wenn Ihre Mutter Ihnen das nächste Mal zu einem gelungenen Essen gratuliert, sagen Sie, dass Ihr Mann den ganzen Einkauf und das ganze Geschnippel übernommen hat.

* Fangen Sie an, sich gegenseitig als Teammitglieder zu betrachten. Stellen Sie eine Liste all der Dinge auf, durch die Sie Ihr Leben gegenseitig bereichern und gemeinsam stärker sind.

* Hören Sie auf, ihn mit anderen Männern zu vergleichen. Lieben Sie ihn für das, was er ist, anstatt ihn für das zu kritisieren, was er nicht ist.

Die wettbewerbsorientierte Alpha als Mutter

Es ist unfair und setzt Kinder viel zu großem Leistungs-
druck aus, wenn die Mutter sie auffordert, bei allem, was
sie tun, die Besten zu sein. Es beraubt sie ihrer Kindheit
und nimmt ihnen die Möglichkeit, ihre Aktivitäten ohne
ständige Besorgnis zu genießen. Das Beste zu erwarten
scheint vielleicht eine akzeptable Methode, um unsere
Kinder auf Spitzenleistungen auszurichten, aber es ist etwas anderes, ob man das Beste in seinen Kindern sieht und
lobt oder ob man fieberhaft Perfektion von ihnen verlangt.
Wenn wir unseren Konkurrenzdrang auf die Kinder übertragen, halten wir sie davon ab, so zu sein, wie sie sind. Sie
fangen an, genauso angespannt und getrieben zu werden
wie wir, und glauben, sie seien nur so gut wie ihre jüngsten
Errungenschaften. Sie wachsen mit dem Gefühl auf, dass
sie perfekt sein müssen, um sich unserer Liebe wert zu er-
weisen. Natürlich werden sie unser ständiges Bedürfnis
nach »mehr« irgendwann leid sein und den Druck, den wir
ihnen auferlegen, übelnehmen. Doch die traurigste Konse-
quenz unserer unablässigen Bedürfnisses, sie »um jeden
Preis gewinnen« zu sehen, ist, dass sie das Gefühl entwickeln, nie gut genug zu sein. Ihr Fokus wird immer auf
ihre letzten Misserfolge ausgerichtet sein, nicht auf ihre
vielen guten Leistungen.

Bitch-Tipps für wettbewerbs-
orientierte Alpha-Mütter

✳ Halten Sie inne und hinterfragen Sie Ihre Motive, wenn Sie Ihre Kinder zu höheren Leistungen antreiben. Fragen Sie sich selbst: »Mache ich das wirklich für sie oder für mich?«

✳ Lassen Sie die Leistungen Ihres Kindes für sich allein stehen, ohne sie mit denen anderer zu vergleichen. Wenn es seine Zensuren nach Hause bringt, sollten Sie nicht fragen, wie die anderen Kinder abgeschnitten haben, oder anmerken, dass sein Bruder eine viel bessere Zensur hatte.

✳ Wenn Sie sich dabei ertappen, dass Sie mit einer anderen Mutter konkurrieren, zügeln Sie sich und bieten Sie stattdessen Ihr Lob an. Machen Sie ihr ein Kompliment über die Art, wie sie die Haare ihrer Tochter zu Zöpfen flicht oder mit den Wutanfällen ihres Sohnes umgeht.

✳ Nehmen Sie sich einen Moment Zeit, um über die Eigenschaften nachzudenken, die Sie zu einer guten Mutter machen, und lassen Sie sich wirklich davon durchdringen.

✳ Erinnern Sie sich daran, dass bedingungslose Liebe und Akzeptanz die beiden besten Dinge sind, die wir unseren Kindern mitgeben können. Überschütten Sie sie mit beidem.

Die wettbewerbsorientierte Alpha als Freundin

Konkurrenz in Freundschaften kann sehr zerstörerisch wirken. Unsere engsten Freundinnen sollten diejenigen sein, an die wir uns wenden können, wenn wir Unterstützung und Anleitung brauchen. Wir zählen auf ihr ehrliches Feedback: Ist dieser Rock zu kurz? Sollte ich meine Haare färben? Habe ich einen Krümel zwischen den Zähnen? Doch wenn Eifersucht und Konkurrenz in diese Beziehung eindringen, wird die Meinung der Person, auf die wir uns verlassen haben, zu verzerrt, um noch darauf vertrauen zu können. Von vielen Frauen hören wir immer wieder, dass sie sich mit Männern wohler fühlen als mit Frauen. Sie erklären, dass sie die gehässigen, konkurrenzorientierten Spitzen leid sind, die von ihren weiblichen Bekannten kommen – und wer wollte es ihnen verdenken? Dass wir uns an unseren Freundinnen messen, ist natürlich bis zu einem gewissen Grad normal und kann auch ein Ansporn sein. Aber wenn unsere wettbewerbsorientierte Alpha uns zwingt, in jeder Hinsicht besser zu sein als sie, wird das Band zwischen uns zerstört.

Konkurrenz und Eifersucht können heftige Aggressionsgefühle in uns auslösen. Wir gehen zum Angriff über oder spucken Gift und Galle, wenn unsere Goldmedaille bedroht wird, erniedrigen uns selbst und unsere Mitmenschen, nur um sicherzustellen, dass wir die Besten sind. Aber was geschieht, wenn wir das Gefühl haben, nicht gewinnen zu können – dass wir nie so klug, so witzig, so schlank oder so erfolgreich sein werden wie unsere Freundin? Für eine wettbewerbsorientierte Alpha ist das ein Zeichen der Niederlage. Wir fallen auf uns selbst zurück und versinken in Selbsthass und Selbstzweifeln. Diese schmerzlichen Gefühle werden dann fälschlicherweise als Warnung interpretiert: Halt Freundinnen auf Abstand und verzichte auf die Nähe zu Frauen. Die Folge ist, dass wir uns isoliert und allein fühlen. Auch wenn wir viele Frauen zu unseren Freundinnen zählen, wird die Qualität der Nähe durch das konkurrenzbedingte Misstrauen und das Ressentiment beeinträchtigt. Wir sind einfach nicht fähig, die vielen Gaben, die Frauenfreundschaften zu bieten haben, zu empfangen, wenn wir die anderen ständig als Rivalinnen betrachten. Eifersucht beraubt uns der Fähigkeit, andere Frauen bei der Realisierung ihrer Träume zu unterstützen und ihnen zu gestatten, das Gleiche für uns zu tun.

> *Eifersucht beraubt uns der Fähigkeit, andere Frauen bei der Realisierung ihrer Träume zu unterstützen und ihnen zu gestatten, das Gleiche für uns zu tun.*

Bitch-Tipps für wettbewerbs-orientierte Alpha-Freundinnen

* Feiern Sie die Siege Ihrer Freundinnen. Freuen Sie sich für Ihre Freundin, wenn sie gerade 20 Pfund abgespeckt, sich ein tolles neues Haus gekauft, eine super Beförderung erhalten oder die Liebe ihres Lebens gefunden hat. Lassen Sie sich durch ihren Erfolg inspirieren. Wenn Ihnen das gelingt, werden sich Ihre eigenen Träume umso schneller erfüllen.

* Bitten Sie Ihre Freundin um Hilfe, anstatt sie aus-

zuschließen, wenn sie ihren Babyspeck verloren hat und Ihnen jetzt das Gefühl gibt, ein Fettklops zu sein, oder wenn sie einen neuen Partner hat, während Sie selbst immer noch auf der Suche nach dem Richtigen sind. Vorausgesetzt Ihre Freundin ist keine wettbewerbsorientierte Alpha (falls doch, sollten Sie ihr vielleicht eine Ausgabe dieses Buches auf die Türschwelle legen), wird sie es toll finden, Ihnen dabei zu helfen, Ihre Ziele zu erreichen.

* Erkennen Sie regelmäßig Ihre eigenen Erfolge und Talente an (wir neigen dazu, uns immer nur auf unsere Misserfolge zu konzentrieren). Bewahren Sie anerkennende Briefe und Karten von Freunden, Familienangehörigen oder Kunden auf. Das ist eine gute Methode, um sich selbst daran zu erinnern, dass Sie geliebt und geschätzt werden.

* Schauen sie sich um und machen Sie sich all das Positive bewusst, das Sie in Ihrem Leben erreicht haben – das schöne Zuhause, in dem Sie leben, Ihre wunderbaren Kinder, Ihren unterstützenden und fürsorglichen Partner, Ihre liebevolle Familie. All diese Errungenschaften erinnern Sie an Ihre kreativen Fähigkeiten, auch wenn sie nicht definieren, wer Sie sind.

Wenn unser oberstes Ziel ist, reicher, klüger, dünner oder schöner zu sein als unsere Mitmenschen, dann verschiebt sich unser Lebensmittelpunkt und unsere Kraft verlagert sich auf Menschen, Situationen und Umstände, die außerhalb unserer selbst liegen.

Einfach ausgedrückt: Es ist viel schwerer, unsere eigenen Ziele zu erreichen, wenn wir den Fortschritt der anderen bewerten. Wie können wir uns auf die anstehende Aufgabe konzentrieren, wenn wir allzu sehr damit beschäftigt sind, was andere tun? Unsere Fixierung darauf, wo wir im Vergleich zu anderen stehen, verringert nicht nur unsere Produktivität, sondern ist auch unglaublich anstrengend. Fakt ist: Intrigieren, Ränke schmieden und Sabotieren, um dafür zu sorgen, dass wir an der Spitze bleiben, fordert uns eine Menge ab! Es ist wie ein endloser Marathonlauf. Wenn wir in die Falle der wettbewerbsorientierten Alpha tappen, sind wir blind dafür, dass wir durch den Konkurrenzkampf mit anderen nur unsere eigene kreative Kraft untergraben. Weil wir so sehr damit beschäftigt sind, unsere kreative Kraft auf das Vergleichen und Wetteifern mit anderen zu konzentrieren, haben wir wenig Zeit oder Energie übrig, um sie in die Bereicherung und das Glück unseres eigenen Lebens zu investieren.

Es ist ein unbestreitbares universelles Gesetz, dass das, worauf wir uns konzentrieren, sich ausweitet. Das heißt, wenn wir völlig davon erfüllt sind, was andere haben (und wir nicht), beachten und fördern wir all das, was wir in unserem eigenen Leben für minderwertig oder mangelhaft halten.

Erinnern Sie sich noch an die Grundformel? Unsere Gedanken zusammen mit unseren Gefühlen erzeugen unser

> *Weil wir so sehr damit beschäftigt sind, unsere kreative Kraft auf das Vergleichen und Wetteifern mit anderen zu konzentrieren, haben wir wenig Zeit oder Energie übrig, um sie in die Bereicherung und das Glück unseres eigenen Lebens zu investieren.*

Energiefeld. Und von diesem Feld aus ziehen wir Menschen und Umstände in unser Leben. Wenn wir mit anderen konkurrieren und uns mit ihnen vergleichen, fällt unsere Schwingung von glücklich, begeistert und aufgeregt zu ängstlich, verzweifelt und sogar verbittert – Gefühle, die die angestrebte Fülle blockieren, weil wir uns an einen Zustand des Mangels klammern (und ihn aufrechterhalten). Wenn wir im Modus der wettbewerbsorientierten Alpha operieren, wechseln wir schneller von offen und zulassend zu verschlossen und restriktiv, als wir sagen können: »Die haben ein besseres *was*?«

Immer dem nächsten Sieg hinterherzujagen bedeutet, dass wir gerade die Erfahrungen, die das Leben lebenswert machen, verpassen. Denken Sie zum Beispiel über Folgendes nach:

* Wie viele Momente echter Freude mit Ihren Kindern sind Ihnen unbemerkt entgangen, weil Sie damit beschäftigt waren, wie gut Ihre elterlichen Fähigkeiten verglichen mit denen anderer Mütter sind?
* Wie viele Chancen bei der Arbeit haben Sie verpasst, weil Sie in Gedanken Überstunden mit der Frage geschoben haben, wie Sie mehr Anerkennung bekommen können als Ihre Kollegen?
* Wie oft haben Sie die Unterstützung einer anderen Frau abgelehnt, weil Sie geglaubt haben, dass die andere Sie sonst für schwächer oder minderwertig halten würde?
* Wie viele Chancen auf echte Freundschaft haben Sie sich selbst vorenthalten, weil Ihr Ego durch die Schönheit, das Talent oder den Erfolg einer anderen Frau bedroht wurde?

Wettbewerb basiert auf dem männlichen Paradigma, dass Gewinnen wichtiger ist als alles andere. Wenn wir die Welt durch diese Brille betrachten, operieren wir von einer »Einsamer Wolf«-Haltung aus, die uns von den Ressourcen, der Unterstützung und der Kameradschaft der Menschen in unserem Umfeld abschneidet. Das erschwert nicht nur die Last, die wir tragen, sondern gibt uns auch das Gefühl, einsam und isoliert anstatt unterstützt und verbunden zu sein. Im Gegensatz dazu basiert Kooperation, die Gegenkraft zum Wettbewerb, auf den weiblichen Prinzipien der wechselseitigen Abhängigkeit, Gemeinschaft und Verbundenheit – einem Seinszustand, den wir alle erreichen können, indem wir das Gesetz der Einsseins verstehen und anwenden.

> *Wettbewerb basiert auf dem männlichen Paradigma, dass Gewinnen wichtiger ist als alles andere. Im Gegensatz dazu basiert Kooperation auf den weiblichen Prinzipien der wechselseitigen Abhängigkeit, Gemeinschaft und Verbundenheit.*

Das Gesetz des Einsseins

Das Gesetz des Einsseins erkennt die wechselseitige Verbundenheit aller Menschen und Dinge an. Es erinnert uns daran, dass wir alle integrale und untrennbare Teile eines riesigen Universums sind. Alte spirituelle Traditionen halten dies seit Langem für wahr: Alle Wesen sind miteinander verbunden. In jedem steckt die Kraft und Energie des Lebens, und diese »Lebenskraftenergie« belebt alles im erschaffenen Universum, einschließlich unserer selbst. Und obwohl wir auf der individuellen Ebene alle einzigartige Erfahrungen machen und unverwechselbare Ausdrucksformen haben, sind wir im Wesentlichen alle eins. Einfach ausgedrückt bedeutet dies, dass es so etwas gibt wie ein »Energienetz, das alles verbindet«, wie Wissenschaftler sagen, und dass wir alle Teile dieses Netzes sind.

Im Jahr 1854, als Seattle, der Friedenszeit-Häuptling der amerikanischen Ureinwohner, sein Stammesland an den Gouverneur von Washington abtrat, hielt er eine Rede, in der er darauf hinwies, dass »das Gewebe des Lebens nicht von Menschen gemacht ist. Wir sind nur eine Faser darin. Was immer wir dem Gewebe antun, tun wir uns selbst an. Alle Dinge sind miteinander verknüpft. Alles ist verbunden.« Wie das biblische Gebot, dass wir unseren Nächsten lieben sollten wie uns selbst, spiegeln diese Worte ein tiefes Verständnis der Verbundenheit alles Lebendigen wider.

Das Gesetz des Einsseins sagt uns, dass wir das, was wir anderen zufügen, uns selbst zufügen, und das, was einen berührt, alle berührt. Mit anderen Worten: Wir können uns nicht lässig im Heck des Bootes zurücklehnen und ignorieren, dass der Bug in Flammen steht, weil wir buchstäblich und im übertragenen Sinn alle in einem Boot sitzen!

Wir können nicht mit anderen konkurrieren oder ihnen Böses wünschen, ohne uns dabei selbst negativ zu beeinflussen. Wenn wir andererseits unsere Hilfe und Unterstützung anbieten (ob im Geiste oder mit konkreteren Mitteln), wirkt sich auch unsere Großzügigkeit positiv auf uns selbst aus. In einer Rede, die Präsident Kennedy 1964 hielt, sagte er: »Wie man auf meinem Cape Cod sagt – die Flut hebt alle Boote. Und eine Partnerschaft dient per definitionem beiden Partnern, ohne dass der eine den anderen dominiert oder den anderen auf unfaire Weise übervorteilt.«[7]

Die kooperative Frau versteht das Gesetz des Einsseins und nutzt es zu ihrem Vorteil. Sie weiß, dass wir als Frauen biologisch darauf programmiert sind, in Gemeinschaft, nicht in Konkurrenz mit anderen zu leben. Unabhängig davon, ob wir je ein Kind bekommen haben oder nicht, ist tief in jeder von uns ein machtvoller Antrieb, die größere Gemeinschaft, von der wir ein Teil sind, zusammenzuhalten und zu unterstützen. Männer mögen Jäger sein, die nach Bestätigung durch ihre individuellen Leistungen suchen, und die Alpha-Bitch versucht, es ihnen gleichzutun, aber wir starken UND femininen Frauen fühlen uns am besten und bringen das Beste in uns zum Ausdruck, wenn wir in Gruppen zusammenleben und arbeiten. Jene von uns, die das Glück hatten, Frauenfreundschaften zu erleben, die ungetrübt von Konkurrenz waren, können das bestätigen.

Die Macht der Verbundenheit

Bei unseren Seminaren haben wir Gelegenheit, die Wunder zu beobachten, die sich entfalten, wenn Frauen zusammenkommen, um sich liebevoll und fürsorglich miteinander zu verbinden – häufig zum ersten Mal in ihrem Leben. Bei manchen fördert die Erfahrung, ihr Herz für andere Frauen zu öffnen, eine tiefe Heilung, die ihnen ein direktes Erleben der Stärke gewährt, die daraus erwächst, wenn man Einbeziehung statt Trennung wählt. Sobald sie den Wechsel von »ich und meins« zu »wir und unser« vollzogen haben, verändern sich ihre Beziehungen zu anderen Frauen auf radikale Weise.

So erging es zum Beispiel Rebecca, die vor vielen Jahren eine Vereinigung mit anderen Frauen erlebte, die die Dynamik ihrer engen Frauenfreundschaften für immer veränderte: In dem Sommer, als mein Sohn drei Jahre alt war, beschlossen mein Mann und ich zusammen mit vier anderen Paaren, einen Campingausflug in den Yosemite Nationalpark in Nordkalifornien zu machen. Wenn ich sage »Camping«, meine ich Camping: Zelt und primitiver Lebensstil, mit wenig Duschen und praktisch keinerlei Annehmlichkeiten der modernen Zivilisation. Zu sagen, dass ich diesem Vorhaben zunächst ein bisschen skeptisch gegenüberstand, wäre eine Untertreibung. Seit drei Jahren war ich für 24 Stunden am Tag und an 7 Tagen die Woche auf Nonstop-Mama-Patrouille, und ich wusste, dass es sogar, wenn man allen häuslichen Komfort zur Verfügung hat, ungeheuer schwierig ist, sich um jedes Detail der Kinderversorgung zu kümmern. Der Gedanke, meinen Sohn in einem ungeordneten und unvorhersehbaren Umfeld zu betreuen, stand mir als Riesenherausforderung bevor, als wir uns auf den Weg in die Berge machten.

Ich muss sagen, dass ich in den 20 Jahren, die seit diesem Ausflug vergangen sind, jede Menge anderer Reisen zu weit luxuriöseren Zielen unternommen habe, aber die Woche, die ich in Yosemite verbracht habe, hat sich meinem Herzen und meinem Kopf als eine der schönsten Erfahrungen eingeprägt, die ich je hatte. Warum? Weil es mein erster echter Vorstoß in das war, was ich heute als »Stammesleben« mit einer Gruppe Frauen betrachte.

Fünf Frauen nahmen an dem Ausflug teil, alle mit kleinen Kindern, und nachdem wir einen Tag da waren, verfielen wir alle übergangslos – fast wortlos – in eine absolute Synchronie. Wir teilten uns die Pflichten und Arbeiten des Campens, was die ganzen normalerweise lästigen und profanen Aufgaben überraschend angenehm machte. Wir gaben gegenseitig auf unsere Kinder acht, so dass jedes Paar einmal allein eine Wanderung machen oder etwas Zeit zu zweit verbringen konnte, ohne ständig ein Kind im Schlepptau zu haben. Wir wechselten uns beim Kochen ab und tauschten Rezepte für Gerichte aus, die ich noch heute in Ehren halte. Es war das erste Mal seit der Geburt meines Sohnes, dass ich das Gefühl hatte, dass die Bürde der Mutterpflichten nicht mehr so schwer auf meinen Schultern lastete. Ich wusste, dass ich vier andere liebevolle, kompetente Frauen im Rücken hatte, und es war himmlisch!

Als es Zeit für den Aufbruch wurde, war es wider Erwarten nicht so, dass die Frauen es kaum erwarten konnten, wieder zu heißen Duschen und bequemen Betten zurückzukehren – wir wollten tatsächlich nur sehr ungern zurück. Die Kameradschaft und Unterstützung, die wir geteilt hatten, stärkte uns auf einer so tiefen Ebene, dass keine von uns wollte, dass es aufhörte. Wir hatten aus erster Hand gelernt, was es bedeutet, eine starke Gemeinschaft aufzubauen, und wie viel Weisheit in dem alten Spruch steckt, dass man »ein Dorf braucht, um ein Kind aufzuziehen«. Und obwohl unsere Ehemänner zweifellos ein wichtiger Teil des »Dorfes« waren, das wir in jenem Sommer in Yosemite schufen, war es die Verbundenheit zwischen den Frauen, die unser Herz und unsere Seele bereicherte.

Ich werde für diesen Campingausflug und für die Frauen, die ihn gemeinsam mit mir erlebten, für immer dankbar sein. Ich nahm alles, was ich über Kooperation gelernt hatte, mit nach Hause und nutze die Erfahrung bis heute, um innigere und bedeutungsvollere Verbindungen mit meinen Freundinnen zu schaffen.

✳ ✳ ✳

Rebeccas Erfahrung illustriert, dass wir als Frauen für Kameradschaft »gemacht« sind. Wir Frauen sind in Höchstform, wenn wir zusammenarbeiten, Pflichten und Ressourcen teilen und von den unterschiedlichen Perspektiven profitieren, die sich ergeben, wenn wir einander unsere tiefsten Sehnsüchte ebenso wie unsere größten Sorgen anvertrauen. Doch sobald unsere wettbewerbsorientierte Alpha auf der Bildfläche erscheint, wird das Vertrauen, das diese Verbindungen lebendig macht, bedroht. Die Erfüllung unseres tiefsten Potenzials als Frauen und als Individuum verlangt, dass wir unsere Verhaltensweisen von grimmig und gehässig auf kooperativ und ermutigend umstellen – dann geschieht etwas Bemerkenswertes. Wir erkennen, dass unsere ganze Energie, die wir eingesetzt hatten, um andere auszubremsen, umgelenkt werden kann, um uns den Ergebnissen näherzubringen, die wir ersehnen.

Wenn wir unseren Fokus von Konkurrenz auf Kooperation verlagern, können wir die Träume und Ideen unserer Freunde, Kollegen, Partner und Kinder unterstützen, als ob es unsere eigenen wären.

> *Wir Frauen sind für Kameradschaft »gemacht«. Wir sind in Höchstform, wenn wir zusammenarbeiten, Pflichten und Ressourcen teilen und von den unterschiedlichen Perspektiven profitieren, die sich ergeben, wenn wir einander unsere tiefsten Sehnsüchte ebenso wie unsere größten Sorgen anvertrauen. Doch sobald unsere wettbewerbsorientierte Alpha auf der Bildfläche erscheint, wird das Vertrauen, das diese Verbindungen lebendig macht, bedroht.*

Wir sind fähig, ihre Siege mit ihnen zu feiern, und können es zulassen, dass sie in gleicher Weise an unseren Erfolgen teilhaben. Vor allem sind wir fähig, die Ressourcen und die Unterstützung anzunehmen, die andere anzubieten haben – ob sie uns bei der Kinderbetreuung oder bei beruflichen Projekten helfen oder uns bei der Klärung persönlicher Probleme, die immer wieder einmal auftauchen, zur Seite stehen. Wir müssen nicht mehr alles allein machen oder die Lasten alleine tragen. Wir können uns darauf verlassen, dass die Gemeinschaft für uns da ist.

Doch wie können wir die Träume unserer Freundinnen, Familienangehörigen und Kollegen unterstützen, wenn wir die gleichen Träume haben – wenn wir denselben Traummann im Auge haben oder beide dieselbe Beförderung anstreben? Denken Sie daran: In einem grenzenlosen Universum gibt es unendlich viele Möglichkeiten. Alle Möglichkeiten bestehen, wenn wir uns am reinen Potenzial ausrichten. Und so stellt sich dann vielleicht heraus, dass der Typ, den Ihre beste Freundin gerade häufiger trifft (der Typ, mit dem Sie sich auch treffen wollten), mehrere ungebundene attraktive Freunde hat. Und die Beförderung? Es ist eine von vielen Aufstiegschancen in Ihrem Unternehmen, ganz zu schweigen von all den anderen Firmen, die bereit sind, starke selbstbestimmte Frauen mit reichem Potenzial (wie uns) zu fördern. Die wettbewerbsorientierte Haltung verleitet uns zu dem Glauben, dass die Ressourcen begrenzt sind und wir daher besser um unseren Anteil kämpfen. Die kooperative Haltung geht hingegen davon aus, dass reichhaltige Möglichkeiten bestehen. Bei dieser Einstellung wissen wir, dass genug für alle da ist und dass es allen gut geht, wenn es einem selbst gut geht. Denken Sie daran, die Flut hebt alle Boote!

Kooperation basiert auf der Einsicht, dass um Hilfe zu

bitten kein Zeichen von Schwäche ist, sondern ein Zeichen von Weisheit. Wenn wir die Hand ausstrecken, erkennen wir an, dass wir gemeinsam mehr erreichen können, als uns allein je möglich wäre. Werfen Sie einen Blick auf die Tabelle rechts und die vielen Vorteile, die sich ergeben, wenn wir eine kooperative Denkweise einnehmen.

Bitch-Tipp für die Umwandlung von Konkurrenz in Kooperation

Wenn Sie einen Anflug von Eifersucht spüren, nutzen Sie es als Chance, sich mehr Klarheit über Ihre eigenen Träume zu verschaffen. Sie haben gerade gehört, dass Ihre Freundin für zwei Wochen in die Karibik verreist? Lassen Sie sich von den Plänen Ihrer Freundin dazu anregen, den längst überfälligen Urlaub zu buchen, über den Sie immer schon mit Ihrem Partner gesprochen haben – nicht weil Sie Ihre Freundin übertrumpfen wollen, sondern um sich gemeinsam mit Ihrem Mann zu entspannen und ihm nah zu sein. Ihr Kollege hat gerade eine tolle Beförderung eingesackt? Wenn *er* es kann, können *Sie* es auch – vergessen Sie das nicht. Was von einem erreicht wird, eröffnet Möglichkeiten für alle.

	Wettbewerbshaltung	Kooperationshaltung
Wie wir das Leben wahrnehmen	✳ begrenzte Ressourcen ✳ ein Kampf jeder gegen jeden ✳ feindselig	✳ genug für alle ✳ unterstützend ✳ leicht und erfreulich
Wie wir andere Menschen wahrnehmen	✳ Rivalen und Gegner ✳ zurückhaltend und nicht bereit zu teilen ✳ nicht vertrauens-würdig ✳ voreingenommen	✳ helfen uns, Lasten zu tragen ✳ unterstützende Partner ✳ großzügig und bereit zu teilen ✳ Quellen der Inspiration
Wie andere Menschen uns wahrnehmen	✳ isoliert und unnahbar ✳ vorsichtig ✳ aggressiv ✳ paranoid	✳ hilfsbereit ✳ großzügig ✳ offen und liebevoll ✳ ehrlich und transparent
Wie wir uns fühlen	✳ allein ✳ unsicher ✳ bedroht ✳ belastet ✳ unbedeutend ✳ unverbunden ✳ isoliert	✳ mit uns selbst und anderen ✳ verbunden ✳ unterstützt ✳ inspiriert ✳ begeistert ✳ offen ✳ kreativ

Inspiration – der Schlüssel, der das Gesetz des Einsseins wirksam macht

Vielleicht halten Sie es ebenso wie viele andere Frauen für ein sicheres Erfolgsrezept, wenn Sie mit Ihrer besten Freundin darum konkurrieren, wer von ihnen am schnellsten 10 Pfund abgenommen hat, oder wenn Sie mit einem Arbeitskollegen eine Wette darüber abschließen, wer die meisten Verkaufsabschlüsse erzielt. Schließlich treibt Konkurrenz das Adrenalin in die Höhe, und die Vorstellung des Gewinnens kann ein machtvoller Ansporn sein, oder? Ja – und nein. Dazu muss man verstehen, dass Konkurrenz eine angstbasierte Motivation ist, die eher auf das ausgerichtet ist, was man *nicht* hat, als auf das, was man hat. Und weil sie von außen angetrieben wird, lässt sie sich innerlich nicht aufrechterhalten.

> *Konkurrenz ist eine angstbasierte Motivation, die eher auf das ausgerichtet ist, was man* nicht *hat, als auf das, was man hat. Und weil sie von außen angetrieben wird, lässt sie sich innerlich nicht aufrechterhalten.*

Mit anderen Worten: Wenn Sie Ihren Fortschritt an demjenigen einer anderen Person messen, ist Ihr Selbstwertgefühl der Gnade dieser Person ausgeliefert. Genaugenommen liegt nicht einmal mehr die Bewertung Ihrer eigenen Fähigkeiten in Ihrer eigenen Hand – es sind jetzt Variablen, die sich entsprechend des relativen Fortschritts einer anderen Person verändern. Wenn Ihre beste Freundin ihre Diät abbricht und Sie weiter durchhalten, macht Ihnen das ein gutes Gefühl für sich selbst. Doch wenn ihre Freundin jeden Tag zum Sport geht, während Sie zu

Hause mit Ihrem kranken Kind festsitzen, fühlen Sie sich total mies.

Das Entscheidende ist, dass der intensive angstbedingte Wettbewerbsrausch Sie vielleicht kurzfristig anspornt, Sie jedoch auf lange Sicht lahmlegen wird.

Was also ist der Schlüssel, der Sie befähigt, den Wechsel von Konkurrenz zu Kooperation zu vollziehen? Die Antwort ist einfach: Erlauben Sie sich selbst, sich von den Leistungen anderer Menschen eher inspirieren zu lassen, als eifersüchtig zu sein.

Nur für den Fall, dass Sie sich die Frage stellen: Es ist völlig normal einen Anflug von Eifersucht zu empfinden, wenn eine alte Freundin in Jeansgröße 36 aufkreuzt, während Sie selbst immer noch einen Still-BH tragen, oder wenn eine Kollegin die Beförderung erhält, auf die man selbst gehofft hatte. Wir müssen nur erkennen, dass wir selbst entscheiden können, ob wir uns durch diese Emotion in einen Strudel konkurrenzorientierter Energie ziehen lassen. Wenn wir lernen, auf die Begabungen anderer nicht eifersüchtig zu sein, sondern sie stattdessen als Inspiration zu nutzen, um die eigenen Talente zu kultivieren, haben wir das entscheidende Mittel gefunden, um Konkurrenz in Kooperation, Isolation in Gemeinschaft und Trennung in Einssein zu verwandeln.

Wenn Sie Ihre Beziehung zu anderen als Quelle der Inspiration betrachten können, sehen Sie deren Leistungen plötzlich als Beweis dafür, dass auch Sie selbst fähig sind, diesen Grad an Erfüllung und mehr zu erreichen. Wenn Sie den Reichtum eines anderen als Beweis dafür nehmen können, dass wir in einem reichen Universum leben und dass Ihr eigener Anteil nur darauf wartet, dass Sie ihn in Anspruch nehmen, haben Sie die ideale Einstellung entwickelt, um alles zu erreichen, was Sie wollen.

Wenn Sie den Reichtum eines anderen als Beweis dafür nehmen können, dass wir in einem reichen Universum leben und dass Ihr eigener Anteil nur darauf wartet, dass Sie ihn in Anspruch nehmen, haben Sie die ideale Einstellung entwickelt, um alles zu erreichen, was Sie wollen.

Wenn Sie auf Konkurrenzgefühle stoßen (was garantiert geschehen wird), erkennen Sie sofort, dass sie entstehen, weil eine andere Person etwas besitzt, das Sie selbst haben möchten. Andernfalls wäre es Ihnen gleichgültig, dass die anderen darüber verfügen. Anstatt innerlich vor Wut zu kochen oder in Opferhaltung zu verharren, können Sie die Errungenschaften anderer als Quelle der Inspiration nutzen, durch die Sie leichter klären können, was Sie in Ihrem eigenen Leben erschaffen möchten. Trotz der ungezügelten Konkurrenz in unserer Kultur, vor allem der Konkurrenz unter Frauen, lautet die gute Nachricht, dass wir glücklicherweise auch einige überzeugende Beispiele von erfolgreichen Frauen haben, die zeigen, wie man die Macht der Kooperation nutzbar machen kann.

Die beliebte Moderatorin, Schauspielerin und Philanthropin Oprah Winfrey steht zweifellos an der Spitze der kooperativen Frauen. Als Rosie O'Donnell Ende der 1990er Jahre den Emmy als herausragende Talk-Show-Moderatorin erhielt, war Oprah die Erste, die ihr gratulierte. Jahre später, als ein großer Fernsehsender das Risiko einging, Ellen DeGeneres eine eigene Talkshow zu geben, begrüßte Oprah dies als Bereicherung des Tagesfernsehens und veröffentlichte später zur allgemeinen Überraschung ein Bild von Ellen auf dem Cover von *O, The Oprah Magazine*.

Tatsächlich hat der »Oprah-Effekt« (ein von Madison Avenue geprägter Begriff für Oprahs beispiellose Fähigkeit, unbekannte Start-up-Unternehmen zu Markennamen und Ladenhüter zu Bestsellern zu machen) nicht nur Auswirkungen auf Verkaufszahlen. Im Geiste der Kooperation und Nichtwettbewerbsorientierung hat Oprah die Karrieren von Dutzenden Stars lanciert, einschließlich Dr. Phil. Rachael Ray, Dr. Oz und Nate Berkus. Ihre Großzügigkeit zeugt von der Tatsache, dass die Bestrebung, den Erfolg mit anderen zu teilen, mehr davon in unser Leben zieht als der Versuch, ihn für sich allein zu horten.

Kooperation erzeugt einen Synergie-Effekt, der eindeutig größer ist als die Summe der Teile. Viele Hände machen der Arbeit bald ein Ende und so ähnlich ist es auch mit der Energie, die wir in die Erfüllung unserer eigenen Träume stecken und die sich verstärkt, wenn wir anderen helfen, die ihren zu erfüllen. Am Ende gewinnen alle, wenn wir unsere Ressourcen zusammentun. Wenn wir der Inspiration erlauben, unsere Wettbewerbsneigungen aufzuheben, wird das Leben leichter, freudiger und viel weniger stressig.

Sicher sind auch unsere individuellen Bemühungen erfolgreich, aber sie werden hundertfach multipliziert, wenn sie mit denen anderer abgestimmt werden. Durch Kooperation entdecken wir, dass die Zusammenarbeit uns unendlich viel weiter bringt, als wenn wir gegeneinander arbeiten.

Die folgende Tagebuch-Übung trägt dazu bei, dass wir Überzeugungen erkennen, die uns an der Kooperation hindern.

Übung: Die Umwandlung von Konkurrenz in Kooperation

Nehmen Sie sich 20 bis 30 Minuten Zeit für diese Übung, und sorgen Sie dafür, dass Sie ein Tagebuch oder Papier und Stift griffbereit haben, damit Sie alle Einsichten oder Handlungen, die sich möglicherweise ergeben, festhalten können.

Rufen Sie sich zunächst ein jüngeres Erlebnis in Erinnerung, bei dem Sie sich tatsächlich dabei ertappt haben, dass Sie mit jemandem konkurrierten. Malen Sie sich die an der Situation beteiligten Personen und die Umstände, die dazu führten, so lebendig wie möglich aus. Was haben Sie gesagt oder getan? Welche Strategien haben Sie eingesetzt, um besser zu erscheinen als eine andere Person? Seien Sie so ehrlich wie möglich mit sich selbst und schreiben Sie alle Details auf, an die Sie sich erinnern.

Rufen Sie sich ins Gedächtnis, dass alle wettbewerbsorientierten Verhaltensweisen von Gedanken und Gefühlen der Angst und Unzulänglichkeit angetrieben werden, und versuchen Sie, sich daran zu erinnern, was Sie in jenem Moment empfunden haben. Lassen Sie zu, dass Sie sich verletzlich fühlen und die zugrunde liegenden Ängste, Zweifel und Unsicherheiten spüren, die Ihr Wettbewerbsverhalten auslösten.

Atmen Sie tief durch und versuchen Sie, noch etwas mehr in die Tiefe zu gehen. Schauen Sie, ob Sie die Gedanken ermitteln können, die Ihr Wettbewerbsverhalten hervorriefen. Lassen Sie sich Zeit, erlauben Sie sich, vollständig ehrlich zu sein, und schreiben Sie alle Gedanken auf, an die Sie sich erinnern. Fragen Sie sich selbst: »Wovor hatte ich Angst?« und erlauben Sie sich, alle Antworten zu hören, die möglicherweise auftauchen:

* *Hatten Sie Angst, dass Sie etwas verlieren könnten, was Ihnen wichtig ist, wenn Sie nicht konkurrieren?*
* *Sind Sie von der Überzeugung ausgegangen, dass es einfach nicht genug Liebe, Geld oder andere Ressourcen für alle gibt?*
* *Mussten Sie die Beste sein, weil Sie sich andernfalls unbedeutend gefühlt hätten?*

Erinnern Sie sich jetzt daran, dass alle Gedanken von Überzeugungen erzeugt werden, und erlauben Sie sich, diese Gedanken auf die Grundüberzeugung zurückzuführen, die dieses Konkurrenzdenken in Gang setzte. Haben Sie Geduld, erlauben Sie der Überzeugung einfach, sich selbst in gebührender Zeit zu offenbaren. Glauben Sie, dass Sie nicht gut genug sind?

Wie fühlen Sie sich, wenn Sie sich diese einschränkende Überzeugung wirklich bewusst machen? Führt sie dazu, dass Sie sich unwichtig, wertlos oder unbedeutend fühlen? Beschreiben Sie, was Sie empfinden, wenn Sie diese einschränkende Überzeugung nochmals wachrufen, und halten Sie die Gefühle in Ihrem Tagebuch fest.

Wenn Sie die grundlegende Überzeugung betrachten, die dieses Verhalten hervorgerufen hat, fragen Sie sich, welche neue Überzeugung an ihre Stelle treten und Sie darin bestärken könnte, sich heil und ganz, vollständig und vollkommen zu fühlen – so wie Sie sind. Welche Aussagen könnten Sie bestätigen, um Ihre Selbstachtung zu stärken und Ihre Wettbewerbsneigungen zu schwächen? Probieren Sie aus, wie Sie sich bei den folgenden Aussagen fühlen:

* *Ich bin zufrieden mit mir selbst.*
* *Mein Herz und mein Kopf sind offen für die grenzenlosen Möglichkeiten, die sich mir darbieten.*

* *Ich unterstütze mich selbst und die Menschen um mich herum.*
* *Ich brauche mir keine Sorgen darüber zu machen, was andere Menschen erreichen. Ich gehe meinen eigenen Weg.*
* *Ich vertraue auf meine kreativen Fähigkeiten.*

Wenn Sie eine Überzeugung entdecken, die Ihre Selbststärkung fördert, schreiben Sie sie in Ihr Tagebuch und lassen Sie sie tief in Ihr Bewusstsein eindringen, indem Sie sie mehrmals laut aussprechen. Lassen Sie sich von dieser Aussage voll und ganz durchdringen.

Überlegen Sie jetzt, welche Handlungen Sie ausführen könnten – jetzt sofort oder in Zukunft –, um Ihre Verhaltensweisen an dieser neuen Überzeugung auszurichten. Könnten Sie sich an eine andere Frau wenden und sie um Anleitung oder Unterstützung bitten? Schreiben Sie alle Ideen auf, die Ihnen in den Sinn kommen.

Lassen Sie es jetzt zu, dass Sie sich so fühlen, wie Sie sich fühlen würden, wenn Sie diese Handlungsschritte tatsächlich umsetzen würden. Wären Sie offener? Inspirierter? Unbeschwerter?

Fassen Sie den festen Entschluss, sich Ihre neue selbststärkende Überzeugung häufig ins Gedächtnis zu rufen und sich die Wahrheit dieser Aussage voll bewusst zu machen.

Lassen Sie sich einen Moment lang Zeit, um das Gefühl auszukosten.

Bitch-Tipp

Sie vergleichen sich selbst mit einer anderen Person oder werden von eifersüchtigen Gedanken verzehrt? Nutzen Sie diese Energie zu Ihrem Vorteil, indem Sie der Inspiration den Vorrang vor der Konkurrenz geben.

Kapitel 4
Die theatralische Alpha

Gott ist mein Zeuge – mich sollen die Yankees nicht unterkriegen. Ich will hindurch, und wenn es vorüber ist, will ich nie wieder hungern ... Und wenn ich stehlen und morden müsste! – Gott ist mein Zeuge, hungern will ich nie wieder!«, schwört Scarlett O'Hara im Filmklassiker *Vom Winde verweht* aus dem Jahr 1939. Ihre Worte triefen vor Gefühl und ihre reine Präsenz schreit förmlich »Drama-Queen«. Tatsächlich hat sie einen ausgeprägten Hang zum Melodram und zu überschießenden Reaktionen auf die Widrigkeiten des Lebens! Inmitten von Sklaverei, Leid und Krieg gelingt es ihr irgendwie, dass es bei allem ausschließlich um sie geht – *ihre* tragischen Verluste, *ihre* epische Liebesbeziehung, *ihre* heroischen Kämpfe zur Rettung ihres geliebten Landes. Wir verleihen Miss Scarlett den illustren Titel der Bilderbuch-Melodrama-Alpha, weil sie mit ihrer Egozentrik und Anfälligkeit für spontane Gefühlsausbrüche zweifellos ein Paradebeispiel für diesen Typus ist.

Die theatralische Alpha leidet an einem fast ununterbrochenen Bedürfnis nach Aufmerksamkeit, das sie dazu treibt, nahezu alles zu tun, um sich das Spotlight und ihren Platz auf der Mitte der Bühne zu sichern. Notorisch egozentrisch kann diese Alpha-Frau laut, respektlos, aggressiv und dramatisch sein. Sie ist einfach erst dann zufrieden, wenn die Augen aller auf sie gerichtet sind und sie das Thema jeder Unterhaltung bildet. Sogar wenn sie den Mund hält, kann ihre Präsenz etwas Überwältigendes haben, und wenn sie das Wort ergreift, hat sie die Tendenz, auf andere Leute herab und über sie hinweg, anstatt *mit* ihnen zu reden.

Auch wenn die theatralische Alpha gute Ideen hat (was häufig der Fall ist), präsentiert sie diese auf eine Weise, die irgendwo zwischen leicht kränkend bis offen aggressiv liegt, was normalerweise dazu führt, dass ihre Zuhörer die Ohren auf Durchzug stellen. Wie das unausstehliche Kind, das Wasserbomben in den Pool wirft, während man versucht, in aller Ruhe zu lesen, ist ihre laute, ungebärdige und aufdringliche Energie ablenkend, um nicht zu sagen ausgesprochen lästig, und ihre tyrannische Persönlichkeit lässt anderen Leuten wenig Raum, um eigene Ansichten zu äußern.

Diese Alpha ist eine Meisterin darin, Spannung und Zwietracht zu säen. Manchmal sorgt sie für ein bisschen Wirbel, indem sie einfach provokative Themen anspricht, von denen sie weiß, dass sie zum Widerspruch reizen. Oder sie wirft einen hoch explosiven Kommentar in genau dem richtigen Moment ein oder verbreitet pikante Details eines Skandals, der den Zuhörern den Atem stocken lässt. Man merkt sofort, wenn eine theatralische Alpha den Raum betritt, weil die Stimmung schlagartig von friedlich und ruhig in chaotisch und streitlustig umschlägt.

Die Frau, die die Energie der theatralischen Alpha ausstrahlt, neigt dazu, unwichtige Details zu übertreiben.

Kleinere Rückschläge eskalieren zu explosiven Ausbrüchen; selbst ein Tropfen verschütteten Kaffees oder eine verpasste Autobahnabfahrt können eine Hysterie auslösen. Die einzige Reaktion dieser Alpha ist die Überreaktion. Die theatralische Alpha ist wie ein egozentrisches Kind, sie hat das Gefühl, dass nur das zählt, was ihr geschieht, und versteht nicht, dass andere Menschen ebenfalls existieren. Ihr nach Aufmerksamkeit heischendes Wesen kann auf unterschiedliche Weise zum Ausdruck kommen, von Tobsuchtsanfällen über das Verbreiten von Gerüchten bis hin zur Einnahme einer Opferhaltung: Hauptsache, ihre »Leidensgeschichte« beherrscht schließlich das Denken und Fühlen aller Anwesenden. Es gibt nur eine Sache, die diese Diva mehr liebt als einen handfesten Skandal – nämlich ihn wie ein Lauffeuer zu verbreiten und dafür zu sorgen, dass alle wie gebannt an ihren Lippen hängen.

Oberflächlich betrachtet kann es Riesenspaß machen, mit einer theatralischen Alpha zusammen zu sein – das heißt, gelegentlich und in kleiner Dosis. Ihre Sucht nach Aufmerksamkeit bedeutet, dass es selten einen langweiligen Moment gibt, und die Tatsache, dass sie immer eine Geschichte zu erzählen hat, sorgt dafür, dass es immer interessant bleibt. Diese Frau ist ein hervorragender Sportkumpel: Ihre Theatralik lenkt von der endlosen Strecke ab, die Sie auf dem Laufband absolvieren, oder von der Anzahl der Wiederholungen, die Sie auf dem Bauchtrainer produzieren. Und wer genießt nicht hin und wieder eine kleine Seifenoper? Und solange das treue Publikum dem Star der Show genügend Beachtung schenkt, wird er wahrscheinlich relativ zahm und gut gelaunt bleiben.

Die dunkle Seite der Drama-Queen

Es gibt allerdings einen Wermutstropfen im Verhalten der
theatralischen Alpha: Da sie die Neigung hat, andere mit
Worten und Taten rücksichtslos zu überfahren, hält sie
ihre dramatischen Monologe häufig vor einem leeren Theater. Sicher, sie beherrscht die Bühne für einen Moment,
aber mit der Zeit verliert sie die Aufmerksamkeit und Bewunderung ihres Publikums, weil niemand ständig unterbrochen oder in den
Schatten gestellt werden
möchte. Die theatrali-
sche Alpha ist wie ein
Tornado, der durch eine
Stadt fegt: Sie ist sich
weder der Wirkung be-
wusst, die sie auf andere
hat, noch der Zerstö-
rung, die sie hinter sich
zurücklässt.

> *Die theatralische Alpha
> ist wie ein Tornado, der
> durch eine Stadt fegt: Sie ist
> sich weder der Wirkung
> bewusst, die sie auf andere
> hat, noch der Zerstörung,
> die sie hinter sich zurück-
> lässt.*

Die theatralische Alpha in der Arbeitswelt

In beruflicher Hinsicht lenkt die Sucht nach Dramatik die
theatralische Alpha davon ab, sich auf ihre Ziele zu konzentrieren. Niemand kann bestreiten, dass sie weiß, wie
man hektische Aktivitätsanfälle auslöst, aber nichts Neues
oder wirklich Geniales kann zu ihr durchsickern, weil sie
am Erfolg nicht annähernd so interessiert ist wie am Rampenlicht. Ihre Produktivität und ihre Zielorientierung
werden zu Geiseln ihrer Bedürftigkeit, was zur Blockade
für ihr Vorankommen wird und dazu führt, dass sie in der

Wiederholung derselben alten Dramen feststeckt. Kollegen haben Angst, ihr die Stirn oder hilfreichen Rat zu bieten, weil sie auf konstruktive Kritik häufig sofort mit Ab-
wehrschlägen reagiert und die anderen aussehen lässt, als
wären sie die »Schurken«, die ihr Übles wollen. Man kann
darauf wetten, dass sie das Ereignis übertreiben und dem
Rest des Büros erzählen wird, sie sei heftig angegriffen
worden. Kollegen lernen schnell, den Landminen, die sie
auslegt, aus dem Weg zu gehen, um sie nicht entschärfen
zu müssen.

Die Kapriolen der theatralischen Alpha können ein ganzes Unternehmen aus der Bahn werfen; niemand kann beim
Thema bleiben, weil sie die Aufmerksamkeit immer wieder
auf sich selbst lenkt. Und obwohl die meisten Menschen
nicht fähig sind, den genauen Grund der Ablenkung festzu-
machen, kann jemand, der die Motive der theatralischen
Alpha versteht, ihre Taktik aus 10 Kilometern Entfernung
erkennen. So ging es zum Beispiel Christy, als sie vor einigen Jahren an einem beruflichen Wochenendseminar teil-
nahm: Wie die meisten meiner Kollegen, die zu unserem
jährlichen Klausurwochenende eingeladen waren, kam ich
am Freitagmorgen an und war sofort beeindruckt. Nicht
nur von der Art, wie die Logistik gehandhabt wurde, sondern auch davon, wie viel Spaß mir die Sitzungen als solche
machten. Wir wurden mit Wagenladungen neuer Informationen bombardiert, aber weil der Gruppenzusammenhalt
so gut war, konnten wir die Konzepte schnell aufnehmen
und schafften es sogar, dabei noch Spaß zu haben.

Als die Veranstaltung am Samstagmorgen weiterging,
stieß eine weitere Kollegin, Anna, dazu, die am Freitag
nicht dabei gewesen war. Nun, die meisten Leute, die zu
spät zu einer Arbeitskonferenz erscheinen, würden ver-
mutlich erst einmal ein bisschen mehr zuhören als selber

reden, um das Versäumte aufzuholen und sich auf den
Stand der anderen zu bringen. Doch was für die meisten
Menschen selbstverständlich wäre, geht der theatralischen
Alpha völlig gegen den Strich. Anna war nicht nur völlig
unfähig, sich auf die tags zuvor entstandene Synergie der
Gruppe einzustimmen, sie schien entschlossen, sie zu
untergraben. Sie bedachte praktisch jeden Punkt, den der
Vortragsredner machte, mit einem Kommentar und ihre
Unterbrechungen schienen keinem anderen Zweck zu die-
nen, als allen Anwesenden klar zu machen, wie klug, be-
sonders und einmalig wichtig sie war.

Schließlich brachten ihre ständigen Zwischenbemer-
kungen den Gastredner derart aus dem Konzept, dass er
seine Präsentation nicht mehr in derselben flüssigen und
inspirierten Weise fortsetzen konnte wie am Tag zuvor.
Die Teilnehmer, die zu dieser Veranstaltung gekommen
waren, um etwas Neues von einem Fachmann mit wert-
vollen Erfahrungen zu lernen, reagierten außerdem verärgert und sogar wütend auf Annas wiederholten Versuche,
Aufmerksamkeit zu heischen. Die Atmosphäre im Raum
verschlechterte sich rapide und ich beobachtete erstaunt,
wie die Stimmung bei den meisten Tagungsteilnehmern
von kreativ und energiegeladen in gereizt und desinteres-
siert umschlug, einfach weil sie sich nicht mehr auf die dar-
gebrachten Informationen konzentrieren konnten.

Ja, Anna gelang es, die Aufmerksamkeit aller Anwesenden auf sich zu ziehen, einschließlich des Vortragsredners,
und sie sorgte dafür, dass alle Augen auf sie gerichtet waren. Und obwohl ihr das in jenem *Moment* zweifellos das
Gefühl gab, wichtig zu sein, ruinierte ihr Verhalten an diesem *Tag* letztendlich ihren Ruf und ihre Karriere.

✳ ✳ ✳

Die harmonische Zusammenarbeit mit Arbeitskollegen erfordert sicher etwas Gewöhnung für die theatralische Alpha, die die Angewohnheit hat, die Aufmerksamkeit aller Anwesenden in Beschlag zu nehmen. Doch wenn Sie lernen, eine ruhige und ausgeglichene Arbeitsumgebung zu fördern, werden Sie erkennen, dass die Kreativität ebenso wie die Produktivität steigt. Respekt und Harmonie treten an die Stelle von Chaos und Verwirrung. Nicht länger abgelenkt von dem endlosen Theater um Arbeitsplatzkonflikte, werden Sie feststellen, dass Sie über die notwendige Konzentration und Energie verfügen, um den angestrebten beruflichen Erfolg zu gestalten.

Bitch-Tipps für die theatralische Alpha am Arbeitsplatz

Denken Sie daran, dass wir wesentlich produktiver sein können, wenn unsere Energie ruhig anstatt chaotisch, fokussiert anstatt zerfasert ist. Lassen Sie es langsam angehen, konzentrieren Sie sich und schaffen Sie bewusst eine Arbeitsumwelt, in der Ausgeglichenheit und Harmonie vorherrschen. Von diesem Ort der Gelassenheit aus öffnen Sie die Schleusentore für den Fluss kreativer Ideen!

Die theatralische Alpha in der Partnerschaft

Wirft man einen kurzen Blick auf das Privatleben der theatralischen Alpha, stellt man fest, dass ihre Liebesbeziehungen häufig unter einem Mangel an echter Verbundenheit
und Gegenseitigkeit leiden. Sie selbst ist mitunter der einzige Bezugspunkt, den sie erkennen kann – *ihre* Bedürfnisse, *ihre* Wünsche und *ihre* Gefühle. Selten, wenn überhaupt, denkt sie an die Bedürfnisse oder Wünsche ihres
Partners, an seine Interessen oder Sorgen. Um es freundlich auszudrücken – die theatralische Alpha ist extrem
pflegeintensiv und anspruchsvoll und das Zusammensein
mit ihr kann physisch und psychisch aufreibend sein.

Über kurz oder lang werden ihre Partner des Theaters
überdrüssig. Jede Frau verliert schließlich ihren Reiz,
wenn ihr Liebster sich ständig mit dem Fallout ihrer Gefühle auseinandersetzen muss. Ihre Theatralik und Melo-
dramatik überschatten seine Bedürfnisse und mit der Zeit
sehnt er sich wahrscheinlich nach einer heiteren Frau, die
sich auch gebührend für sein Gefühlsleben interessiert,
und wünscht sich eine ruhigere, tiefere Beziehung. Wenn
er sie andererseits aufrichtig liebt (oder süchtig nach dem
Drama ist, das sie produziert), gibt er vielleicht ihren egozentrischen Launen nach und geht wie auf Eierschalen,
um sich nicht zur Zielscheibe ihrer Tobsuchtsanfälle zu
machen.

Eine Beziehung, die voller Aufruhr und Konflikt ist, ist
weder gesund noch befriedigend. Obwohl die theatralische Alpha sich im Chaos wohlfühlt – oder es sogar regel-
recht *genießt* –, empfindet ihr Partner das wahrscheinlich
anders. Ihre nervöse, überempfindliche Persönlichkeit in
Verbindung mit ihrer Sucht nach Dramatik schlägt ihn
vielleicht einfach in die Flucht. Wenn sie lernt, das Drama

ein bisschen abzuschwächen und ihm Raum für seine eigene Entfaltung zu lassen, wird sie feststellen, dass die Beziehung sich zum Positiven wendet. Und je mehr er sich von ihr gesehen und geschätzt fühlt, desto mehr wird er ganz von allein und ohne Aufforderung den Wunsch haben, etwas zurückzugeben.

Bitch-Tipp für die theatralische Alpha-Partnerin

Teilen Sie das Rampenlicht mit Ihrem Partner. Für jede Frage oder wenigstens für zwei Fragen, die er nach Ihrem Wohlbefinden stellt, sollten Sie mit einer Gegenfrage nach seinem Befinden reagieren. Wenn Sie echtes Interesse an ihm zeigen – an seinem Beruf, seinen Hobbys und seinen Interessen –, fördern Sie eine tieferen Grad der Vertrautheit und Zufriedenheit in Ihrer Partnerschaft. Und wer weiß, vielleicht finden Sie es sogar erfrischend, gelegentlich einen Schritt aus Ihrer eigenen Welt herauszutreten und in seine hineinzuschnuppern!

Die theatralische Alpha als Mutter

Von allen Alpha-Typen ist es bei der theatralischen Alpha am unwahrscheinlichsten, dass sie Mutter wird, weil sie intuitiv spürt, dass Kinder ihr etwas von der Aufmerksamkeit, die sie für sich selbst erstrebt, wegschnappen würden. Wenn sie sich doch für die Mutterschaft entscheidet (ob für eigene oder angeheiratete Kinder), besteht ein hohes

Risiko, dass sie ihre Kinder eher wie Accessoires behandelt und nicht wie wichtige, wertvolle menschliche Wesen mit eigenen Wünschen und Bedürfnissen. In ihrer Gegenwart fühlen Kinder sich leicht ungesehen und ungehört, weil sie dazu neigt, ihnen die Aufmerksamkeit zu stehlen. Wenn die Kinder älter werden und das Spotlight des Lebens schließlich auf sie fällt, findet diese »Drama-Mama« unbewusst eine Möglichkeit, die Leistungen ihrer Kinder in ihre eigenen umzuwandeln. Abi-Feiern werden für theatralische Alphas zu Chancen, um Bestätigung für ihre eigenen jüngsten Erfolge im Beruf einzuheimsen. Schulaufführungen der Kinder werden zu perfekten Anlässen, um den letzten hässlichen Streit mit ihrem Partner noch einmal durchzuarbeiten. Ach ja, und das Abendessen erweist sich häufig als ideale Plattform, von der aus sie ihren vielen Kümmernissen und Kränkungen Luft machen kann. Am Ende lernen ihre Kinder entweder, wie sie ihre Mutter ausstechen können, um Beachtung zu finden, oder – schlimmer – sie verschwinden einfach im Hintergrund und fühlen sich zu unwichtig, um gesehen zu werden.

> *Wenn die Kinder älter werden und das Spotlight des Lebens schließlich auf sie fällt, findet diese »Drama-Mama« unbewusst eine Möglichkeit, die Leistungen ihrer Kinder in ihre eigenen umzuwandeln.*

Den eigenen Kindern die Schau zu stehlen oder das kleinste Malheur extrem aufzubauschen schadet nicht nur ihrer individuellen Entwicklung, sondern untergräbt auch ihr Vertrauen in die Beziehung als Ganzes. Sie werden ihre Höhen und Tiefen eher mit uns teilen, wenn sie darauf zählen können, dass wir ruhig bleiben – oder es zumindest versuchen. Auch wenn wir vielleicht den spontanen Impuls haben, in echter Drama-Mama-Manier auszuflippen: Unsere Kinder profitieren mehr von einem ruhigen, beherrschten Gebaren und werden sich dann in Zukunft eher an uns wenden, wenn sie Hilfe brauchen.

Indem wir echten Anteil an ihrem Leben nehmen – was bedeutet, dass wir unsere eigenen Vorhaben gelegentlich zurückstellen –, lassen wir unsere Kinder wissen, wie wertvoll und wichtig sie sind. Sich eine Auszeit von unseren alles verzehrenden Dramen zu nehmen und sich auf unsere Kinder zu konzentrieren ist entscheidend für ihre Reifung und Entwicklung – und auch für uns eine nette Abwechslung.

Bitch-Tipp für die Drama-Mama

Ein paar Mal die Woche sollte sich alles nur um Ihr Kind drehen! Zeigen Sie Interesse an seinen Freunden, seinen Hobbys und seiner Schularbeit. Wenn Ihr Kind gern tanzt, fordern Sie es auf, Ihnen die neuesten Schritte zu zeigen, die es gelernt hat. Wenn es gern Skateboard fährt, gehen Sie mit ihm in den örtlichen Skater-Park und schauen Sie zu, wie es die Halfpipe meistert. Und denken Sie dann daran: Sie sind da, um Ihrem Kind zuzuschauen, nicht um eine Szene zu machen!

Die theatralische Alpha als Freundin

Da sich im Universum der theatralischen Alpha alles um sie selbst dreht, hat sie wenig Aufmerksamkeit übrig, um sie in die Interessen oder Erlebnisse anderer Personen zu investieren, was dazu führt, dass ihre Freunde sich häufig ungesehen und unwichtig fühlen. Ein Mitglied ihres Gefolges zu sein hat am Anfang einen gewissen Reiz, aber der mangelnde Respekt und die fehlende Vertrautheit führen schließlich dazu, dass ihre »Zuschauer« aussteigen. Das ständige Gejammere und die ewigen dramatischen Monologe über die Details ihres Lebens zehren an den Kräften des Publikums. Die Unfähigkeit, ihre Emotionen zu kontrollieren, ist nervenaufreibend, weil sie wegen belangloser Kleinigkeiten peinliche Szenen in Restaurants veranstaltet, kleine Kränkungen zu Riesenungerechtigkeiten aufbläst, hässliche Streitereien über unbedachte Bemerkungen anzettelt, Tobsuchtsanfälle bekommt und Tiraden über unbedeutende Alltäglichkeiten vom Stapel lässt. Im Denken der theatralischen Alpha nehmen sogar langweilige Alltagsereignisse riesige Dimensionen an und sie erwartet, dass ihre Freunde alles stehen und liegen lassen und genauso von ihren Erlebnissen gefesselt sind wie sie selbst.

Wenn sie heulend auf der Geburtstagsfeier aufkreuzt, die eine Freundin für ihr Kind veranstaltet, erwartet sie, dass die Freundin alles stehen und liegen lässt und sofort an ihre Seite eilt (Sechsjährige haben schließlich kein Problem mit so was, oder?). Und wenn sie um drei Uhr nachts betrunken und orientierungslos anruft, rechnet sie fest damit, dass die Freundin umgehend ins Auto springt und sich auf die Suche nach ihr begibt (Schlaf wird sowieso total überschätzt). In der Welt der theatralischen Alpha ist

ihre Krise *unsere* Krise und ihre Probleme sind unsere
Top-Priorität. Und das bedeutet, *ihre* Bedürfnisse stellen
unsere ganz klar in den Schatten.

Wenn wir die übliche Grenze überschreiten und uns wie
eine theatralische Alpha verhalten, werden wir egozentrisch, belasten unsere Freundinnen mit all unseren Problemen und verdrängen die Vertrautheit aus der Beziehung.
Wenn unsere Freundinnen erfolgreich Grenzen setzen
können, werden sie sich nicht auf unsere Tragödien einlassen. Sie werden unsere nächtlichen Anrufe ignorieren, uns
wissen lassen, wenn wir die Alleinunterhalterin geben, und
weggehen, bevor wir eine Szene machen. Wenn wir diese
Grenzen respektieren, behalten wir diese Frauen vielleicht
als Freundinnen. Doch wenn unsere innere Drama-Queen
unbedingt noch weiteren Text in ihrem Melodrama loswerden will, suchen unsere genervten Freundinnen wahrscheinlich vor dem Finale das Weite. Auch die besten

Bitch-Tipp für die theatralische Alpha-Freundin

Bevor Sie beim kleinsten Missgeschick spontan Ihre
Freundinnen überfallen, halten Sie einen Moment
inne, um durchzuatmen und Ihre Gedanken zu ord-
nen. Entscheiden Sie, ob die Situation wirklich die
Zeit und den Aufwand lohnt und ob sie es wert ist,
dafür Ihren Freundinnen zur Last zu fallen. Das Leben ist voll von widersprüchlichen und unsicheren
Augenblicken; dass wir lernen, gelassen und angemessen damit umzugehen, ist der Schlüssel zur
Selbststärkung und Selbstbestimmtheit.

Freundinnen sind die einseitige Beziehung und den nie endenden Konflikt irgendwann leid und werden die Gesellschaft von Frauen suchen, die genauso viel geben, wie sie bekommen, und mit denen man auch einmal schweigen kann.

Sie fragen sich, ob Sie selbst ein bisschen von einer Diva haben? Wir alle haben ein bisschen Scarlett O'Hara in uns und der erste Schritt zur Veränderung ist immer die Selbsterkenntnis. Also beantworten Sie die folgenden Fragen und stellen Sie fest, wo Sie stehen.

Die theatralische Drama-Queen – wie viel dieser Alpha steckt in Ihnen?

Kreuzen Sie jeweils die Aussage an, die am ehesten auf Sie zutrifft:

1. Sie treffen als Letzte auf einer Party ein und als Sie den Raum betreten, sind alle in eine fröhliche Unterhaltung vertieft. Sie …

   A begrüßen die Anwesenden, die Blickkontakt zu Ihnen herstellen, und machen so allmählich Ihre Runde durch den Raum.

   B erzählen mindestens drei verschiedenen Leuten die Details des Lebensdramas, durch das Sie sich verspätet haben.

   C verkünden Ihre Anwesenheit so lautstark, dass alle Gäste gezwungen sind, einen Moment innezuhalten und Ihnen Beachtung zu schenken.

D genießen den Augenblick. Schließlich sind Sie absichtlich zu spät gekommen, damit Sie im Mittelpunkt der Aufmerksamkeit stehen.

2. Sie haben gerade eine schriftliche Belobigung für ein berufliches Projekt bekommen, dass Sie beendet haben.

A Sie mailen das Dokument an alle Freunde und Familienangehörigen; schließlich sollte man solche Neuigkeiten mit allen teilen.

B Sie machen ein möglichst großes Ereignis aus der Neuigkeit, damit Sie sich im verdienten Ruhm sonnen können.

C Sie erzählen Ihrer Familie und engsten Freunden von Ihrer Leistung und gehen ins Detail, wenn Nachfragen kommen.

D Sie geben sich alle Mühe, »zufällig« auf ganz bestimmte Leute zu stoßen, damit Sie die Bombe platzen lassen können.

3. Nachdem Sie schließlich die Entscheidung getroffen haben, sich einer kleinen Schönheitsoperation zu unterziehen, …

A bringen Sie das Thema so oft wie möglich auf den Tisch und genießen den Neid Ihrer Freundinnen oder warten darauf, dass sie sagen: »Du bist viel zu schön, um je eine Schönheitsoperation nötig zu haben!«

B organisieren Sie eine Telefonkette, damit alle sofort wissen, wie es gelaufen ist, sobald die OP vorüber ist. Sie sind sicher, dass alle wie auf Kohlen sitzen.

C nutzen Sie die Wochen vor dem großen Ereignis, um jedem die betreffenden Körperteile zu zeigen.

D sparen Sie sich Ihre Fragen, Sorgen oder Hochgefühle für Ihren nächsten Arzttermin auf.

4. Bei einem Urlaubsessen fängt Ihre Schwägerin an, eine Story von ihrer neuesten Renovierung zu erzählen, und da Sie vor nicht allzu langer Zeit eine ähnliche Erfahrung gemacht haben, …

A nicken Sie und können gut nachfühlen, wie es ihr geht. Diese Sachen laufen nie wie geplant.

B tun Sie so, als würden Sie zuhören, während Sie insgeheim denken: »Wenn du glaubst, dass *das* schlimm war …«

C geben Sie ihr eine Chance, ihre Geschichte zu Ende zu erzählen, und übertrumpfen Sie dann prompt mit Ihrer eigenen.

D entscheiden Sie, dass eine Handwerkerstory wahrscheinlich mehr als genug für einen Abend ist und steuern bei anderer Gelegenheit ihre eigenen Erfahrungen bei.

5. Ihr Ehemann war zufällig zur rechten Zeit am rechten Ort und hat einem Fremden, der in Not war, geholfen. Nachdem Sie das gehört haben, …

A erzählen Sie engen Freunden und Familienangehörigen, was geschehen ist, und fühlen eine Mischung aus Demut und Stolz.

B bestehen Sie darauf, bei den nächsten zwölf sozialen Veranstaltungen einen Toast auf sein Heldentum auszubringen.

C erzählen Sie die Geschichte jedem, der interessiert wirkt, und schmücken sie jedes Mal ein
bisschen mehr aus.

D zollen Sie seiner Selbstlosigkeit Anerkennung
und lassen ihn entscheiden, ob und mit wem
er über seine Erfahrung sprechen möchte.

6. Beim Radiohören auf dem Weg zur Arbeit gewinnen Sie Karten für ein bevorstehendes Kon-
zert. Als Sie am Arbeitsplatz eintreffen, …

A stürmen Sie ins Büro und rufen: »Ihr glaubt
nicht, was gerade passiert ist!« und verschwenden 20 Minuten Firmenzeit, um alle raten zu
lassen.

B rufen Sie zehn enge Freundinnen an, um die
Neuigkeit mitzuteilen, und sorgen dafür, dass
alle in Hörweite es mitbekommen.

C haben Sie den kleinen Gewinn mental bereits
weggesteckt und machen sich an die Arbeit.

D zermartern Sie sich das Hirn, wie Sie die Karten nutzen können, um Macht und Einfluss zu
gewinnen.

7. Sie sind auf dem Weg zu einem pikfeinen Event
und Ihr Auto bekommt einen Platten. In einem
atemberaubenden Kleid und ebensolchen High
Heels …

A gehen Sie mit der Situation um wie jede erwachsene Frau: Sie informieren die Gastgebe-
rin, dass Sie später kommen, und warten auf
den Pannendienst.

B steigen Sie aus dem Auto aus, um den Pannendienst zu rufen: Sie werden sich auf keinen Fall die Gelegenheit entgehen lassen, sich in all dieser männlichen Aufmerksamkeit zu sonnen.

C wechseln Sie selbst den Reifen und bitten einen Passanten, Fotos zu machen, damit Sie sie später am Abend auf Ihre Facebook-Seite stellen können.

D rufen Sie mindestens drei Freundinnen an, um über Ihre »Ich armes Hascherl«-Geschichte zu lamentieren.

8. Sie hören zufällig, wie zwei Kolleginnen, die dachten, sie wären allein auf dem Klo, pikante Details einer Klatschgeschichte austauschen. Sie …

A geben sie direkt an die Person weiter, um die es ging, damit sie ihre Widersacherinnen zur Rede und ihren Ruf wiederherstellen kann.

B laden die betreffende Person zum Mittagessen ein und tun Ihr Bestes, alles so schnell wie möglich auf den Tisch zu bringen.

C erzählen die Geschichte, unabhängig von ihrem Wahrheitsgehalt, sofort überall weiter. Jeder liebt einen schönen Büroskandal!

D genießen es, alle wissen zu lassen, dass Sie über heiß begehrte Informationen verfügen, bevor Sie schließlich die Katze aus dem Sack lassen.

9. Wenn eine enge Freundin sie bittet, bei ihrer bevorstehenden Hochzeit Brautjungfer zu sein, …

A fühlen Sie sich geehrt und teilen den Wunsch Ihrer Freundin, diesen Tag zum schönsten in ihrem Leben zu machen.

B sind Sie fassungslos, weil sie Sie nicht gebeten hat, ihre Trauzeugin zu sein, aber stecken es weg – oder versuchen es zumindest.

C sind Sie sehr aufgeregt. Sie lieben eine schöne Hochzeit, vor allem wenn Sie im Mittelpunkt stehen.

D fangen Sie sofort an, über das Kleid zu reden – Ihres natürlich, nicht das der Braut!

10. Sie betreten Ihren Lieblings-Coffeeshop und sehen zwei Freundinnen an einem Tisch sitzen. Als Sie hingehen, um »Hallo« zu sagen, bemerken Sie, dass die beiden gerade mitten in einem sehr ernsten Gespräch zu stecken scheinen …

A Sie ziehen einen Stuhl heran und lamentieren sofort über den schrecklichen Streit, den Sie gerade mit Ihrem Mann hatten; dafür sind Freundinnen schließlich da, oder?

B Sie sagen schnell »Hallo« und gehen dann weiter, um Ihren Kaffee zu bestellen.

C Sie haben keine Ahnung, worüber die beiden geredet haben, und rufen deshalb ein paar gemeinsame Freundinnen an, um einige Vermutungen anzustellen.

D Sie werfen ihnen einen empörten Blick zu und wenden sich ab. Natürlich haben die beiden über Sie geredet!

Punkteschlüssel:
1. a-1, b-3, c-5, d-4   *   2. a-3, b-5, c-1, d-4   *
3. a-5, b-3, c-4, d-1   *   4. a-1, b-3, c-4, d-1   *
5. a-2, b-5, c-4, d-1   *   6. a-5, b-4, c-1, d-3   *
7. a-1, b-3, c-5, d-4   *   8. a-2, b-3, c-4, d-5   *
9. a-1, b-3, c-4, d-5   *   10. a-5, b-1, c-3, d-4

Auswertung:
Zählen Sie die Punkte zusammen, die den Buchstaben Ihrer Antworten entsprechen.

Bis 20 Punkte: Herzlichen Glückwunsch! Sie sind den meisten Fallstricken der theatralischen Alpha erfolgreich ausgewichen!

21 bis 35 Punkte: Wahrscheinlich haben Sie des Öfteren den Eindruck, dass Ihr Leben in allen möglichen Bereichen dramatische Wendungen nimmt. Vielleicht hören Sie sogar Klagen von Arbeitskollegen ebenso wie von Freunden über Ihre ständigen Dramen und Wutanfälle.

35 bis 50 Punkte: Ihre Sucht nach Dramatik verschlingt sehr wahrscheinlich einen Großteil der Energie, die Ihre Karriere voranbringen und Ihnen die ersehnte persönliche Erfüllung bringen könnte. Chaos kann kurzfristig für einen Ausbruch an Spannung und Aufregung sorgen, aber eine Verschiebung der Energie von chaotisch und brüsk zu ausgewogen und harmonisch wird Ihre Beziehungen verbessern und Ihnen langfristige Erfüllung bringen. Dieses Kapitel zeigt Ihnen den Weg.

Wenn wir uns dabei ertappen, dass wir in die Verhaltensweisen der respektlosen, theatralischen Alpha abgleiten,
müssen wir lernen, dies als Hinweis darauf zu deuten, dass
wir das Gefühl haben, zu wenig Anerkennung und Zuwendung zu erhalten, und unbedingt unsere eigene Aufmerksamkeit brauchen. Wenn wir unsere Selbstliebe-
Tanks nicht auffüllen, ist die Gefahr einer Kollision auf
unserem weiteren Weg sehr groß.

Eine Störung in der Kraft

In jedem Lebensbereich, in dem wir uns unbedeutend fühlen – ob hinsichtlich des beruflichen Erfolgs, der Figur
oder der Stärke unserer Familie und persönlichen Beziehungen –, neigen wir zur Überkompensation, indem wir
uns selbst um jeden Preis zum Mittelpunkt der Aufmerksamkeit machen. Wenn wir uns leer fühlen, ist unsere
größte Angst, dass andere uns ignorieren und dadurch
unsere geheime Überzeugung, dass wir wertlos sind, bestätigen. Wenn es uns nicht gelingt, die Bestätigung in unserem eigenen Inneren zu finden, suchen wir sie äußerlich,
damit wir uns wichtig und besonders vorkommen können. Wir fangen auch an, nach anderen Wegen zum Glück
zu suchen: Shopping, Essen und Trinken können zu Mitteln werden, mit denen die theatralische Alpha versucht,
sich selbst zu trösten, wenn ihre neuesten Kapriolen nicht
die gewünschte Aufmerksamkeit gebracht haben. Unser
Bedürfnis, von unserem Umfeld wahrgenommen zu werden, ist so groß, dass wir unser Unruhe stiftendes Verhalten fortsetzen und um jeden Preis auffallen wollen, auch
wenn wir uns schließlich selbst zum Narren machen oder
Feindseligkeit hervorrufen. Wir sind wie kleine Kinder,

> *Wir sind wie kleine Kinder, wenn wir diese Einstellung einnehmen. Auch wenn wir negativ auffallen, ist uns das immer noch lieber, als gar nicht beachtet zu werden.*

wenn wir diese Einstellung einnehmen. Auch wenn wir negativ auffallen, ist uns das immer noch lieber, als gar nicht beachtet zu werden.

Wir stören den Frieden um uns herum, nicht nur in dem Versuch, uns wichtig zu fühlen, sondern auch, um uns selbst von unseren eigenen Unsicherheiten abzulenken. Solange wir jede Mücke zum Elefanten machen und eine Atmosphäre konstanter Dramatik schaffen, müssen wir uns nie mit den größeren Problemen auseinandersetzen, die durch unsere Ängste, Schwächen und Unzulänglichkeiten hervorgerufen werden. Die Unruhe, die wir erzeugen, kann uns vorübergehend vor der Wahrnehmung dieser schmerzlichen Gefühle schützen, aber nur auf Kosten unseres eigenen Glücks und unserer persönlichen Erfüllung. In diesem Modus zu operieren ist, als hätten wir nur Zugriff auf zwei Kanäle unserer emotionalen Einstellskala – gestresst und hypergestresst. Weil wir so an das Chaos gewöhnt sind, würden wir gar nicht wissen, was wir mit uns selbst anfangen sollten, wenn alles wie geschmiert liefe, was es leider meistens nicht tut.

Drama und Konflikt schaffen Chaos und Aufregung in unserem Leben; das macht es schwierig, problemlos ans Ziel unserer Wünsche zu kommen oder uns tief genug mit uns selbst verbinden, um zu erkennen, was wir wirklich wollen. Angenommen, Sie versuchen ein Boot in tosendem Wasser und zwischen krachenden Wellen übers Meer zu steuern. Die Turbulenzen würden Sie nicht nur davon abhalten, Ihr Ziel zu erreichen, sondern könnten Sie tat-

sächlich daran hindern, zu erkennen, wo Sie sich im Verhältnis zu Ihrem angestrebten Bestimmungsort befinden.
Wäre das Wasser hingegen ruhig und glatt, wäre es leichter, das Ziel zu erreichen, und die Reise wäre wesentlich
angenehmer. Diese Art von ruhigem Dahingleiten ist genau das, was wir erleben, wenn wir in Bezug auf unsere
Energie von einer explosiven und dramatischen zu einer
ausgewogenen und harmonischen Haltung wechseln. Genauso wie Hysterie noch mehr Hysterie erzeugt, steigert
sich die Harmonie in unserem Leben, wenn wir bewusst
und gezielt nach Ausgeglichenheit streben.

Das Gesetz der Balance und Harmonie

Das Gesetzt der Balance und Harmonie besagt, dass sich
die Schleusentore der Fülle weit öffnen, so dass wir Zugang zu allen Ressourcen, zu Weisheit und den Segnungen
des Lebens erhalten, wenn wir uns bewusst dafür entscheiden, uns an friedvollen und gelassenen Energien auszurichten. Diesen mühelosen Seinszustand können wir erreichen, wenn wir uns vornehmen, uns in Einklang mit
den Menschen und Gegebenheiten in unserem Leben zu
bringen, anstatt uns gegen sie zu stellen. Je mehr Übung
wir darin gewinnen, dem Drama auszuweichen und stattdessen in Gelassenheit zu ruhen, desto leichter wird es,
durch stürmische Gewässer zu navigieren.

In der Musik wird Harmonie erreicht, wenn zwei oder
mehr Noten zur Resonanz verschmelzen – wenn sie im
Einklang stehen, anstatt darum zu konkurrieren, welche
am lautesten ist. Im Leben erreichen wir Harmonie, indem
wir Gemeinsamkeiten zwischen zwei oder mehr Menschen, Ideen oder Interessen suchen.

> *Im Leben erreichen wir*
> *Harmonie, indem wir*
> *Gemeinsamkeiten zwischen*
> *zwei oder mehr Menschen,*
> *Ideen oder Interessen*
> *suchen.*

Das eigene Leben mit harmonischer Energie zu erfüllen ist so leicht wie die Entscheidung, das Tempo zu drosseln und das Drama hinter sich zu lassen. Ausgewogene Gedanken sind nicht quälend und drängend – sie sind ruhig und fokussiert und deshalb sehr wirkungsvoll. Eine Handlung, die aus einer gelassenen Denkweise erwächst, ist wirkungsvoller als hundert vom Chaos getriebene Handlungen. Warum? Weil energetisch gesprochen harmonische Kräfte durch Integration und Zielbewusstheit entstehen, während die Kraft des Aufruhrs ziellos und verstreut ist. Durch die Schwingung ruhiger Gelassenheit ziehen wir mehr Erfolg und Fülle ins eigene Leben, weil die Aufmerksamkeit und Ressourcen nicht für unwichtige Dinge verschwendet werden. Wenn wir das Dramatische weglassen, können wir eine ungeheure Energiemenge umlenken und darauf ausrichten, unsere Ziele zu erreichen und mehr Erfüllung in unseren Beziehungen zu finden.

Wenn Sie eine grundlegende innere Gelassenheit entwickeln, bedeutet das zunächst einmal, dass Sie andere Menschen einbeziehen, statt sie wegzustoßen;

> *Eine Handlung, die aus*
> *einer gelassenen Denkweise*
> *erwächst, ist wirkungsvoller*
> *als hundert vom Chaos*
> *getriebene Handlungen.*

das ermöglicht tiefere Verbindungen und eine größere Vertrautheit und verbessert dadurch die Qualität der Beziehungen erheblich. Die Kommunikation mit anderen wird klarer und direkter und verliert sich nicht in dem Rauschen, das durch Störungen erzeugt wird. Der Partner erhält Gelegenheit, aus Ihrem Schatten herauszutreten und einen größeren Beitrag zu leisten, weil er in Ihrem Drama nicht mehr die Nebenrolle spielen muss. In der Familie geht es friedvoller zu, weil die anderen Raum erhalten, um sich zu entfalten. Bei der Arbeit sind Sie fokussierter und produktiver, weil die Energie nicht für belanglose Dinge vergeudet wird.

Im Folgenden einige Tipps, die Ihnen helfen, das Drama in Ihrem Leben auf ein Minimum zu reduzieren:

* Verändern Sie Ihre Wortwahl. Flammende Worte und Ausdrücke wie »nie«, »immer« und »Oh, mein Gott« gießen nur Öl ins bereits lodernde Feuer. Sie werden merken, dass auch Ihre Gefühle sich beruhigen, wenn Sie Ihre Sprache mildern.

* Wenn Sie spüren, dass die theatralische Alpha in Ihnen auftaucht, machen Sie einen kurzen Realitätscheck. Ist Ihr Leben wirklich zu Ende, wenn er nicht anruft? Werden Sie tatsächlich nie wieder eine Anstellung finden, wenn Ihr Chef von Ihrer Arbeit enttäuscht ist? Dieser Ansatz macht es leichter, das gewohnheitsmäßige »Katastrophendenken« aufzulösen, weil wir ihm etwas Logik entgegenhalten.

* Ermitteln Sie die Auslöser, die Ihre Überreaktion verursachen. Schreiben Sie Verhaltensmuster auf, die Ihnen auffallen, und denken Sie darüber nach, wie Sie sie vermeiden könnten.

* Versuchen Sie zu ermitteln, welche Vorteile es Ihnen bringt, wenn Sie »ausflippen«. Bauen Sie auf diese Weise Stress ab, versetzt es Sie in einen kurzen Machtrausch oder fühlen Sie sich dadurch wichtig? Wenn Sie erkannt

haben, was Sie durch dieses Verhalten erreichen wollen, können Sie überlegen, ob es nicht bessere Methoden gibt, um diese Bedürfnisse zu erfüllen.

❋ Unterstellen Sie nichts und ziehen Sie keine voreiligen Schlüsse. Fragen Sie sich, ob man die Situation anders betrachten könnte oder ob es einen logischen Grund für das Verhalten der anderen Person gibt. Spontane Urteile (so richtig sie sich im gegebenen Augenblick anfühlen mögen) führen leicht in die Irre und entfernen Sie von ihrer Mitte.

Wenn Ihre theatralische Alpha Ihr Leben bestimmt, kann der ständige innere Lärm so ohrenbetäubend sein, dass es schwierig ist, die Stimme der Vernunft zu hören. Indem Sie das Gesetz der Balance und Harmonie aktivieren, lernen Sie, das Drama zu durchschauen und rationalere Reaktionen und Antworten zu erkennen, die, wie die folgende Tabelle verdeutlicht, auf einen positiveren Weg und zu wesentlich lohnenderen Ergebnissen führen.

Eine Frau, die ruhig und innerlich stark ist, hat es nicht nötig, sich ihren Wert durch äußere Aufmerksamkeit bestätigen zu lassen. Die Aufmerksamkeit, die sie von anderen erhält, verstärkt nur, was sie bereits aus ihrem eigenen Inneren schöpft. Und wenn sie Beachtung findet, dann für ihre Leistungen und nicht wegen der Manipulationen, die sie vornimmt, um sich ins Zentrum der Aufmerksamkeit zu rücken. Sie bezieht ihre Kraft aus sich selbst und ist deshalb nicht aufzuhalten.

	Wenn wir von einer theatralischen Denkweise ausgehen	Wenn wir Harmonie und Balance verkörpern
Wie wir das Leben wahrnehmen	* die Welt ist meine Bühne * erfüllt von Aufruhr und Konflikt, Kampf und Entbehrung	* es gibt genug Aufmerksamkeit und Zuwendung für alle * leicht und fließend * das Alltagsleben ist ruhig und ausgeglichen
Wie wir andere Menschen wahrnehmen	* Rivalen um das Rampenlicht * Mitglieder des Publikums	* entgegenkommend und akzeptierend * genauso wichtig * vereint, nicht in Opposition zueinander
Wie andere Menschen uns wahrnehmen	* als Drama-Queen * manipulierend und ausbeuterisch * streitlustig * als Klatsch- und Lästermaul * erfüllt von Konflikt und Chaos * süchtig nach Aufmerksamkeit	* ruhig * entspannt * offen * zentriert * ausgeglichen
Wie wir uns fühlen	* unsichtbar und unbedeutend * chaotisch * gestresst * unsicher	* entspannt * friedlich und heiter * akzeptierend * ausgeglichen * anderen Menschen tief verbunden

Gelassenheit – der Schlüssel, der das Gesetz der Balance und Harmonie wirksam macht

Als Frau, die ebenso gelassen wie innerlich stark ist, haben Sie Zugang zu der vollen Bandbreite Ihrer Gefühle. Anders als die theatralische Alpha verstehen Sie, wie man sie geschickt und ohne Hysterie äußert. Die Höhen und Tiefen des Lebens werfen Sie nicht aus der Bahn; Sie verfügen vielmehr über die Fähigkeit, ruhig und zentriert zu bleiben, ganz gleich, was um sie herum geschieht. Weil Sie Ruhe und Gelassenheit bewusst in Ihr Leben einkehren lassen, sind Sie in der Lage, die verdiente Leichtigkeit und Fülle anzuziehen. Gelassenheit ist ein potentes Energiefeld für die Entfaltung der Kreativität. In einem ruhigen und friedvollen Zustand können Sie all das Glück und allen Segen hervorrufen, die das Universum uns in jedem Augenblick anbietet.

Wenn Sie sich selbst in einer schwierigen Situation wiederfinden oder es mit einer schwierigen Person zu tun haben und spüren, dass sich Ihr Inneres von zentriert und stark zu instabil und turbulent verschiebt, sollten Sie sich ins Gedächtnis rufen, dass Sie die Wahl haben. Sie können den Gewohnheiten und Hysterien der Drama-Queen nachgeben oder sich an der Autorität und Stärke der wahren femininen Kraft ausrichten. Es ist Ihre Entscheidung, ob Sie entweder impulsiv auf die Höhen und Tiefen des Lebens reagieren, die Ihre Macht untergraben, oder ob Sie sich mit den Energien der Balance und Harmonie erfüllen.

Hier ein kleines Bild, das Ihnen hilft, dieses Konzept zu konkretisieren:

Angenommen, Sie befinden sich auf der Oberfläche des Ozeans, wo das Wasser bewegt und rau ist. Stellen Sie sich jetzt vor, wie Sie langsam von der aufgewühlten Oberfläche in die Tiefe gleiten. Spüren Sie, wie ruhig und still es wird, je tiefer Sie tauchen. Sie sind sich der Bewegung und des Aufruhrs über sich bewusst, aber Sie sind davon entfernt – Sie ruhen in einem ruhigeren und friedvolleren Element.

Scheinbar unlösbare Situationen werden auf wundersame Weise lösbar, wenn wir Chaos und Verwirrung durch Frieden und Ruhe ersetzen. Rebecca machte diese Erfahrung, als sie quer durchs Land flog, nachdem sie als Koveranstalterin eine Wochenendkonferenz organisiert hatte: Auf meiner Rückreise von unserem Seminar hatte ich einen Anschlussflug von Rochester, New York, nach Chicago gebucht, von wo aus ich einen Direktflug zurück nach San Francisco antreten wollte. Ich kam auf dem Flughafen an, checkte ein und saß im Wartebereich, bis es Zeit war, an Bord des Flugzeugs zu gehen. Einige Minuten später wurde über die Lautsprecheranlage verkündet, dass das Anschlussflugzeug verspätet landen würde. Hörbares Stöhnen und beißende Kommentare erfüllten den Wartebereich, als den ungeduldigen Reisenden die potenziellen Folgen dieser Verspätung klar wurde. Chicago war der Hauptknotenpunkt, von dem aus wir alle zu unseren verschiedenen Bestimmungsorten aufbrechen wollten. Einige Passagiere wollten nach Los Angeles; andere nach Las Vegas; zwei Geschäftsleute waren auf dem Weg nach Dubai. Mit jeder Minute, die verstrich, eskalierte die Situation, da die Leute erkannten, dass es gut möglich war, dass ihre Anschlussflugzeuge Chicago ohne sie verlassen würden. Viele wartende Passagiere – männliche und weibliche – wechselten in den Modus der theatralischen Alpha, forderten, dass ihre Bedürfnisse berücksichtigt würden, und beschimpften die armen Flughafenmitarbeiter, die nichts an der Situation ändern konnten.

Ich muss zugeben, dass in dem ganzen Stress auch meine innere theatralische Alpha zu knurren begann. Schließlich hatte ich in Chicago nur eine Stunde Aufenthalt bis zum Abflug meines Anschlussflugzeugs zurück nach Hause. Glücklicherweise hatte ich allerdings gerade ein unglaubliches Seminarwochenende verbracht und dessen heitere, harmonische Schwingungen in mich aufgenommen und war vollständig auf die Macht der Gelassenheit eingestellt. Während die anderen Passagiere im Terminal auf und ab liefen – Kaffee in sich hineinkippten, sich beieinander beklagten und hektisch versuchten, Leute mit ihrem Handy zu erreichen –, nahm ich einen tiefen Atemzug und stimmte meine Energien auf Ruhe und Gelassenheit ein, wissend, dass diese Kräfte unendlich viel machtvoller sind als Aufruhr und Respektlosigkeit. Wir bestiegen das Flugzeug mit einer Stunde Verspätung und sollten um 11:50 in Chicago landen – exakt der Zeitpunkt, zu dem mein Anschlussflug starten sollte.

Überflüssig zu sagen, dass die Atmosphäre im Flieger alles andere als gelassen war. Man konnte fast hören, wie die Leute dachten: »Flieg schneller! Ich muss den anderen Flieger erwischen!« Als wir schließlich in Chicago landeten, kam es zu einer weiteren Verspätung, weil eine defekte Tür sich nicht öffnen ließ. Wütende Passagiere drängten und schubsten sich ihren Weg in den vorderen Teil des Flugzeugs, während die Crewmitglieder versuchten, die Tür zu reparieren. Durch die winzigen Fenster unseres Flugzeugs beobachteten wir, wie ein Jumbo nach dem anderen startete, so dass alle sich fragten, ob das wohl ihr Verbindungsflug nach Los Angeles oder Dubai oder meiner nach San Francisco war. Ich blieb sitzen, richtete meine Gedanken und Emotionen an den weiblichen Kräften der Gelassenheit aus und vertraute darauf, dass diese Energie mir dienen würde.

Als wir das Flugzeug schließlich verlassen konnten, segelte ich durch die Gangway und bevor ich auch nur die Flugtafel konsultieren konnte, um zu sehen, an welchem Gate ich mich melden sollte, hörte ich, wie mein Name über die Lautsprecheranlage ausgerufen und ich zum neuen Gate dirigiert wurde. Perfekt! Ich hatte die Hälfte des Weges zu meinem Gate zurückgelegt, als eine Flugbegleiterin auf mich zustürzte und fragte: »San Francisco?« »Ja«, antwortete ich und sie sagte: »Hier entlang. Ich nehme Ihre Tasche.« Sie begleitete mich nicht nur zu meinem Flug, sondern half mir auch noch mit dem Gepäck! Ich bestieg das Flugzeug und hatte mich gerade hingesetzt, als der Flieger auch schon zur Startbahn gerollt wurde.

Auf dem Heimflug dachte ich über die zahllosen Details nach, die zusammengekommen waren, damit sich dieses Ergebnis entfalten konnte, und erkannte, dass die Sache womöglich ganz anders ausgegangen wäre, wenn ich zugelassen hätte, dass meine Energie durch Wut, Konflikt oder Disharmonie gestört worden wäre. Ich hatte mich an den Kräften der Ruhe und Gelassenheit ausgerichtet. Wunder vollziehen sich ganz von allein.

> *Auf dem Heimflug dachte ich über die zahllosen Details nach, die zusammengekommen waren, damit sich dieses Ergebnis entfalten konnte, und erkannte, dass die Sache womöglich ganz anders ausgegangen wäre, wenn ich zugelassen hätte, dass meine Energie durch Wut, Konflikt oder Disharmonie gestört worden wäre.*

✳ ✳ ✳

Der Aufbau einer inneren Grundlage der Gelassenheit nährt uns auf allen Ebenen – physisch, emotional und spirituell. Durch die Entscheidung, sich von dem Konflikt und der Verwirrung der inneren Drama-Queen zurückzuziehen und unsere Energien auf jene der Balance und Harmonie auszurichten, wechseln unsere Schwingungen von turbulent und chaotisch zu ruhig, klar und harmonisch.

Im Folgenden einige praktische Vorschläge, wie man diesen Wechsel vollziehen kann:

* Nehmen Sie sich täglich etwas Zeit ganz für sich allein. Nutzen Sie diese Zeit, um abzuschalten und sich zu entspannen. Schwelgen Sie in einem heißen Bad oder genießen Sie den Trost einer Tasse Tee. Lesen Sie einen guten Roman. Dies ist Ihre Zeit, sich zu entspannen, Druck abzubauen und etwas dringend benötigte Ruhe und Gelassenheit in sich aufzusaugen.

* Probieren Sie es einmal mit Yoga. Sogar Anfänger berichten, dass sie sich schon nach der ersten Stunde weniger gestresst und entspannter fühlen. Suchen Sie sich Kurse aus, die auch Meditationsübungen umfassen, um das »Geplapper im Kopf« abzuschwächen und die innere Ruhe zu fördern.

* Lauschen Sie entspannender Musik. Musik kann eine ungeheuer beruhigende Wirkung haben. Gewöhnen Sie sich an, den Fernseher auszuschalten und wunderschöne Musik anzumachen. Bald werden Sie merken, dass Sie sich auf die beruhigenden Klänge »einschwingen«.

Weibliche Energie ist ruhig und kraftvoll, nicht aufrührerisch und wild. Wenn wir das weibliche Prinzip der Ruhe und Gelassenheit anzapfen – uns selbst um das Wissen zentrieren, dass Überreaktionen lediglich das Chaos vergrößern –, lassen wir uns auf das Gesetz der Harmonie und Balance ein, durch das der Stress verblasst, das Drama verschwindet und das Leben leichter wird. Weil wir die Energie nicht dafür verschwenden, respektlos zu sein, Unruhe zu stiften oder anderen die Schau zu stehlen, werden die angestrebten Ergebnisse magnetisch angezogen. Die folgende Übung wird Sie dabei unterstützen, in diesen Zustand zu gelangen.

Übung: Die Umwandlung von Unruhe in Harmonie

Nehmen Sie sich 20 bis 30 Minuten Zeit für diese Übung. Legen Sie ein Tagebuch oder Papier und Stift bereit, damit Sie neue Einsichten und hilfreiche Aktivitäten festhalten können.

Rufen Sie sich eine jüngere Erfahrung ins Gedächtnis, bei der Sie sich tatsächlich dabei ertappt haben, dass Sie Unruhe gestiftet haben oder streitlustig waren. Vielleicht bei der Arbeit, mit Freunden oder Familienangehörigen oder in der Beziehung zu Ihrem Partner oder Ihren Kindern. Versuchen Sie, sich diese Situation so genau wie möglich zu vergegenwärtigen. Stellen Sie sich die beteiligten Personen und die Umstände, die zu der Situation führten, so lebendig wie möglich vor. Was haben Sie gesagt oder getan? Wie haben die anderen reagiert? Stellen Sie sich vor, Sie hätten die Fähigkeit, aus sich selbst herauszutreten und Ihr Verhalten wie ein Außenstehender zu beobachten. Was würden Sie sehen? Schreiben Sie alle Einzelheiten auf, an die Sie sich erinnern können.

Rufen Sie sich ins Gedächtnis, dass all diese Unruhe stiftenden theatralischen Verhaltensweisen aus Angst und

Unsicherheit entstehen, und versuchen Sie, sich daran zu erinnern, was Sie in jenem Moment gefühlt haben. Lassen Sie Ihre Verletzlichkeit zu. Erkennen Sie die zugrunde liegenden Ängste und Zweifel, die Ihnen das Gefühl gaben, Sie hätten keine andere Option, als Ihre Show abzuziehen. Fragen Sie sich selbst: »Wovor hatte ich Angst?« und erlauben Sie sich, alle auftauchenden Antworten zu hören. Wie viel Ihrer Energie wird aus Ihnen herausgesogen, wenn Sie sich auf Konflikt und Chaos einlassen? Lassen Sie sich selbst den emotionalen Preis fühlen, den das Drama von Ihrer Seele und Ihrem Körper fordert.

Lassen Sie sich selbst jetzt die Gedanken hören, durch die diese Gefühle ausgelöst wurden. Nehmen Sie sich die Zeit, aufmerksam hinzuhören, und halten sie möglichst viele dieser Gedanken schriftlich fest.

Forschen Sie weiter und erlauben Sie sich, über die Gedanken hinauszuschauen und die Grundüberzeugung aufzudecken, die zu diesem Denken geführt hat. Haben Sie Geduld, lassen Sie zu, dass diese Überzeugung sich einfach von allein offenbart. Während Sie die selbstbeschränkenden Überzeugungen in Bezug auf sich selbst, andere und das Leben aufdecken, achten Sie darauf, wie Sie sich fühlen, wenn Sie diese Überzeugung im Bewusstsein halten. Fühlen Sie sich verängstigt, verletzlich oder unbedeutend? Schreiben sie auf, was Sie empfinden, wenn Sie diese beschränkende Überzeugung für die Wahrheit halten.

Fragen Sie sich selbst, welche neue Überzeugung Sie übernehmen könnten, die Sie darin bestärken würde, mehr Leichtigkeit und Harmonie in Ihr Leben zu bringen. Probieren Sie einmal aus, wie sich die folgenden Aussagen anfühlen:

✳ *Ich schaffe Frieden und Harmonie in allen Bereichen meines Lebens.*

✳ *Ich werde für das gesehen und geschätzt, was ich bin, nicht für meine dramatischen Auftritte.*

✳ *Ich entscheide mich den ganzen Tag hindurch für Frieden und Gelassenheit.*

✳ *Ich bleibe ruhig und zentriert inmitten aller Lebensumstände.*

Wenn Sie eine neue Überzeugung ermitteln, die Ihre Selbststärkung fördert, schreiben Sie sie in Ihr Tagebuch und lassen Sie sie tief in Ihr Bewusstsein sinken, indem Sie sie mehrmals laut aussprechen. Nehmen Sie die Aussage in Ihrer ganzen Bedeutung in sich auf und lassen Sie sich davon durchdringen.

Fragen Sie sich jetzt, welche Handlungsschritte Sie unternehmen könnten – jetzt oder in Zukunft –, um Ihre Bedürfnisse nach Anerkennung oder Bestätigung zu erfüllen. Könnten Sie täglich ein bisschen Zeit darauf verwenden, sich auf Ihre eigenen positiven Eigenschaften und ihre innere Schönheit zu konzentrieren? Könnten Sie einen Spaziergang in der Natur unternehmen und die Ruhe, die Sie umgibt, in sich aufnehmen? Schreiben Sie auf, was Ihnen in den Sinn kommt. Lassen Sie es zu, so zu fühlen, wie Sie fühlen würden, wenn Sie diese Handlungsschritte tatsächlich unternehmen würden. Würden Sie sich heiterer fühlen? Ausgeglichener?

Lassen Sie mit dem nächsten Atemzug bewusst und gezielt alle Gedanken oder Gefühle los, die zu innerer Disharmonie führen, und erlauben Sie sich selbst, sich ruhig und zentriert zu fühlen, während Sie Ihre neue Überzeugung bekräftigen.

Fassen Sie den Entschluss, sich selbst mehrmals täglich

an diese neue selbststärkende Überzeugung zu erinnern und jedes Mal tiefer in die Wahrheit dieser Aussage einzutauchen.

Nehmen Sie sich einen Moment Zeit, um dieses Gefühl auszukosten.

Bitch-Tipp

Sie spüren wieder einmal den Drang, einer anderen Person die Schau zu stehlen oder sich den Weg ins Rampenlicht zu erzwingen? Denken Sie daran, dass Frieden weit machtvoller ist als Disharmonie. Lassen Sie sich nicht auf das wie immer geartete Drama, das sich entfaltet, ein, sondern entscheiden Sie sich gezielt für Gelassenheit. Ein ruhiger Geist und Körper erleichtern die Rückkehr zu Ihrem natürlichen weiblichen Zustand. Wenn Sie in Balance und Harmonie sind, sind Sie genau richtig ausgerichtet, um Ihre größten Wünsche in Erfüllung gehen zu lassen.

Kapitel 5

Die treibende Kraft hinter allen Alpha-Verhaltensweisen

Wie wir gesehen haben, kann das verzweifelte Bedürfnis, Bestätigung, Sicherheit, Selbstachtung, Aufmerksamkeit oder einen höheren sozialen Status bei einer äußeren Quelle zu finden, die Alpha-Bitch in jeder Frau wachrufen, und wenn die Krallen einmal ausgefahren und die Fangzähne gebleckt sind, können die Folgen für uns selbst und unsere Mitmenschen vernichtend sein.

Inzwischen dürfte klar sein, dass das grundlegende Bewusstsein, das alle vier Alpha-Bitch-Typen zu diesem Ungleichgewicht und aggressivem Extrem antreibt, nicht aus Selbstvertrauen oder Selbstsicherheit erwächst, sondern aus Unsicherheit und einem Gefühl der Unzulänglichkeit. Die kraftvoll-aggressive Alpha nutzt Schikane und Einschüchterung, die kontrollierende Alpha wird anmaßend, autoritär und detailbesessen, die wettbewerbsorientierte Alpha zeigt sich unnachgiebig und hinterhältig und die theatralische Alpha greift in ihrem Beachtungsbedürfnis nach melodramatischen Taktiken. Doch wie immer sich unsere innere Alpha-Bitch präsentiert – ob als agressiv, kontrollierend, wettbewerbsorientiert oder aufmerksam-

keitssüchtig –, es ist wichtig, dass wir erkennen, dass diese
Verhaltensweisen immer durch die Grundüberzeugungen
des Mangels und der
Unzulänglichkeit ausge-
löst werden, die uns in
Angst und Panik verfal-
len lassen. Wie der ner-
vöse Chihuahua unserer
Nachbarin, der am Ende
der Leine zerrt, be-
wegen wir uns kläffend
durchs Leben, schnap-
pen nach jedem Schatten
und verbreiten Streit
und Angst, wo immer
wir aufkreuzen.

*Doch wie immer sich unsere
innere Alpha-Bitch präsentiert – ob als agressiv,
kontrollierend, wett-
bewerbsorientiert oder auf-
merksamkeitssüchtig –, es ist
wichtig, dass wir erkennen,
dass diese Verhaltensweisen
immer durch die Grund-
überzeugungen des Mangels
und der Unzulänglichkeit
ausgelöst werden.*

Angst und Unzuläng-
lichkeit bringen die Ag-
gressivität in der kraftvoll-aggressiven Alpha hervor, zwingen sie, immer mehr Druck auszuüben und noch mehr
Anstrengung zu investieren: ein Prozess, der sie darauf aus-
richtet, um alles zu kämpfen und andere zu dominieren.
Diese Alpha operiert aus einem Zustand *fortgesetzter Unzufriedenheit* heraus, einem ständigen Bedürfnis nach
mehr. Sie hat Angst, dass sie von anderen ausgebeutet wird,
wenn sie in ihrer Wachsamkeit nachlässt und verwundbar
wirkt. Oder dass sie nie den Erfolg und verdienten Respekt
erhält, wenn sie nicht aggressiv und arrogant auftritt. Deshalb strebt sie immer nach irgendeinem Ziel, von dem sie
sich Erfüllung verspricht. Weil sie immer versucht, diesen
inneren Hunger zu stillen, treibt sie sich selbst zur Erschöpfung, jagt ständig der *einen* zusätzlichen Sache hinterher, die ihr vermeintlich dauerhafte Befriedigung bringt.

Angst und Knappheit sind die Kräfte, die auch das innere Betriebssystem der kontrollierenden Alpha antreiben. Ihr Bezugspunkt ist immer auf alle potenziellen Fallgruben des Lebens ausgerichtet. Weil sie das Leben nicht durch die Brille der Hinlänglichkeit betrachtet, kann sie die vielen guten Dinge, die sie umgeben, nicht erkennen. Sie betrachtet das Leben vielmehr durch *die Brille der Unzulänglichkeit*, so dass sie sich immer all dessen bewusst ist, was beim Nachlassen ihrer ständigen Wachsamkeit schiefgehen könnte. Sie hat Angst vor dem, was sie nicht kennt oder nicht kontrollieren kann, deshalb sorgt sie dafür, dass sie alles *unter Kontrolle* hat. In ihrem Leben gibt es immer etwas, das der Korrektur oder Vervollkommnung bedarf, und sie ist überzeugt, dass sie die Einzige ist, die dazu in der Lage ist. Wenn sie nicht alles und jeden überwacht, fühlt sie sich unsicher, manchmal ohne zu wissen, warum. Angst wirft die Maschinerie an, die ihre ständige Anspannung und Wachsamkeit antreibt und katapultiert sie schnell in die Rolle der Besessenen, die alle Menschen und Ereignisse ihres Lebens kontrollieren muss.

Aus derselben Grundüberzeugung *ungenügender Ressourcen* heraus betrachtet die wettbewerbsorientierte Alpha automatisch alle anderen als Rivalen, die nur darauf warten, ihr den Anteil an greifbaren Männern, an beruflichen Chancen oder am Rampenlicht streitig zu machen. Sie *vergleicht sich* unablässig mit ihren Freundinnen, Arbeitskolleginnen, Nachbarn und Familienangehörigen, macht sie zu Feinden statt zu Verbündeten und beraubt sich selbst dabei der Kameradschaft und Unterstützung. Ein ständiger Kampf tobt in ihr, als Erste anzukommen und dann den Gewinn festzuhalten, weil ihre einschränkenden Überzeugungen ihr sagen, dass die anderen ihr dicht auf den Fersen sind, um ihr wegzunehmen, was rechtmäßig ihr gehört. Misstrauen und Abwehrhaltung bauen eine Mauer, die sie von allen echten Beziehungen trennt, so dass sie sich isoliert und allein fühlt. Sie erlebt zwar kurze Momente des Hochgefühls, wenn sie ein heiß begehrtes Ziel erreicht – sie erhält die Beförderung oder hat das letzte Wort in einem Streit mit ihrem Partner –, aber fast schon bevor der Siegesrausch in ihrem Kopf endet, taucht etwas Neues auf, das sie bekämpfen und besiegen muss. Die wettbewerbsorientierte Alpha hat Angst, dass sie nicht gut genug ist, deshalb versucht sie, in allem *die Beste* zu sein.

Die Angst der theatralischen Alpha zeigt sich als ständiges *Gefühl der Leere*. Sie schreit nach Aufmerksamkeit, nicht weil sie sich heil und ganz fühlt, sondern weil ihr das innere Selbstvertrauen einer starken selbstbestimmten Frau fehlt. Sie wendet sich allem zu, durch das sie sich besser fühlt – wozu auch Dinge gehören, die schlecht für sie sind, wie ein Partner, der sie misshandelt (jede Form von Aufmerksamkeit ist besser als gar keine Aufmerksamkeit), andere theatralische Alphas (sie verstehen, was sie empfindet) und sogar fettreichen Speisen (jede braucht etwas, das die innere Leere füllt). Ihre Dramen werden durch die Angst geschürt, dass sie *vollständig verschwindet*, wenn nicht alle Augen auf sie gerichtet sind. Ohne Aufmerksamkeit, ob positiver oder negativer Art, fürchtet sie, dass sie aufhört zu existieren. Durch die Anerkennung und Aufmerksamkeit, die ihre Theatralik ihr einbringt, versucht sie verzweifelt, die innere Leere zu füllen.

Unsere Grundüberzeugungen von Mangel und Knappheit – die Wahrnehmung, dass einfach nicht genügend Liebe, Aufmerksamkeit, Geld oder andere Ressourcen für alle da sind – führen dazu, dass sich die Nackenhaare unserer Alpha-Bitch sträuben, und bringen uns dazu, die Zähne zu blecken und um unseren gerechten Anteil zu kämpfen. In diesem von Mangel durchdrungenen, angst-getriebenen Zustand reagieren wir eher impulsiv, anstatt überlegt zu handeln, dominieren eher, als dass wir koope-rieren. Mit anderen Worten: Wir schlagen blindlings um uns, weil wir Angst haben, dass wir nicht gut genug sind, um die begrenzten Ressourcen, die verfügbar sind, fest-zuhalten. Unsere besessene Beschäftigung mit dem, was wir nicht haben (oder mit dem, was wir haben, was man uns aber wegnehmen könnte), macht uns unglaublich un-barmherzig und wir betrachten fast jeden Menschen durch die Brille des »Inwiefern kann er mir nützen?« oder als Gegner, der sich unseren Besitz aneignen könnte.

Wenn wir sieben Tage die Woche rund um die Uhr mit der Grundannahme der Unzulänglichkeit leben – wie die meisten Alphas es tun –, sind wir in einem ständigen Kampf-oder-Flucht-Modus gefangen. Wir sind so auf das fixiert, was wir tun müssen, um zu *überleben*, dass wir uns nicht einmal vorstellen können, wie es sich anfühlen würde, zu entspannen und zu *genießen*. Und unsere grundlegende Ergebenheit in die Beschränkung stellt si-cher, dass wir weiterhin Entbehrung leiden, wenn nicht als tatsächliche materielle Not, so doch als Mangel an Liebe, Glück, Zeit oder innerem Frieden.

Begrenzung und Mangel treiben uns dazu, alle Alpha-Bitch-Verhaltensweisen auszuagieren. Einige sind offen und feindselig, andere verborgen und manipulierend, aber alle entfernen uns von unserer wahren Kraftquelle, weil sie uns dazu verleiten, außerhalb unserer selbst nach Bestäti-gung für unseren inneren Wert zu suchen, und weil sie die Überzeugung nähren, dass wir nur gewinnen können, wenn eine andere Person verliert.

Ganz gleich, wie viel Liebe, Erfolg oder materiellen Wohlstand wir bereits errungen haben, unsere Grundüberzeugungen des Mangels und der Begrenzung verzerren unsere Weltsicht, hindern uns daran, das Gute, das uns umgibt, zu empfangen, und halten uns in einem Zustand fortgesetzter Unzufriedenheit gefangen. Wir sind vielleicht gerade von einer fabelhaften Kreuzfahrt zurückgekehrt, aber wenn wir vom Mangel ausgehen, können wir nur daran denken, dass wir – im Gegensatz zu unserer besten Freundin – nicht das Zimmer mit der Veranda bekommen haben. Uns entgehen die schönen Momente mit unseren Kindern, weil wir auf ihren nicht ganz perfekten Notendurchschnitt konzentriert sind. Oder wir nehmen ihnen übel, dass Sie ihren Vater um Rat fragen, weil wir nur daran denken, dass sie ihn wahrscheinlich mehr lieben als uns. Wir missachten die freundlichen Gesten unseres Partners, weil unsere Aufmerksamkeit automatisch auf den Dingen landet, die er *nicht* gemacht hat – auf dem Rasen, den er nicht gemäht hat, oder auf seinen Socken, die irgendwie nie ihren Weg in den Wäschekorb finden. Natürlich nehmen wir auch unsere eigenen inneren Vorzüge nicht zur Kenntnis; sie werden normalerweise von den Fehlern und Misserfolgen in den Schatten gestellt.

Dieselbe kritische innere Stimme, die ständig auf unsere Schwächen hinweist, sendet uns eine sehr schädliche Botschaft: Wer wir sind und was wir haben, ist einfach nicht genug. Die Überzeugung, dass wir irgendwie fehlerhaft und unzulänglich sind, löst unangemessene Gedanken des Mangels aus und weckt eine der primitivsten und machtvollsten Emotionen, zu denen der Mensch fähig ist: blanke, unverfälschte Angst. Wenn man sich den lästigen, knurrenden Chihuahua genauer anschaut, erkennt man, dass er wie wild zittert, weil hinter dem scheinbar taffen Kläffen eine schreckliche Angst steckt.

Öl ins Feuer der Alpha-Bitch

Wir versuchen vielleicht, unsere Angst zu verbergen, indem wir reserviert oder überlegen tun; wir tarnen unsere Unsicherheit, indem wir uns alle Mühe geben, andere von unserer Wichtigkeit zu überzeugen, oder wir suchen Trost im Essen, das sich wie ein Pflaster auf unsere emotionalen Wunden legt. Doch wenn wir ehrlich mit uns selbst sind, sehen wir, dass unser ganzes Prahlen, Dramatisieren und Befehle-Brüllen von einem Ort der Schwäche, nicht der Stärke ausgeht; sehr häufig befinden wir uns in einem Gefühlszustand fieberhafter Panik und sind durchaus nicht so cool und selbstsicher, wie wir zu tun versuchen.

Angst und Unzulänglichkeit sind die Funken, die das Feuer der primitiven Alpha in uns entfachen. Diese fehlgeleiteten Gedanken lassen uns ständig auf Hochtouren laufen, weil wir überzeugt sind, dass wir etwas Wichtiges verpassen, wenn wir auch nur ganz kurz in unserer Wachsamkeit nachlassen. Und ohne es überhaupt zu bemerken projizieren wir diese Angst in die Zukunft – sammeln, analysieren und konzentrieren uns auf all die Faktoren, die zu unserem stets drohenden Absturz führen könnten. Wir antizipieren das schlimmstmögliche Ergebnis in praktisch jeder Situation und werden unwissentlich zu unserem eigenen schlimmsten Feind.

Wenn der Chef uns zu einem Gespräch einbestellt, denken wir sofort, dass er uns entlassen und nicht etwa für unsere Arbeit loben will. Wir sind sicher, dass man unsere Präsentation als inakzeptabel und nicht als hervorragend beurteilen wird. Oder wir sind überzeugt, dass – wieder einmal – ein Kollege befördert wird.

Wenn unser Partner uns in ein Restaurant zum Essen ausführen möchte, stellen wir uns das Schlimmste vor:

»Da muss irgendetwas dahinterstecken«, denken wir. »Wahrscheinlich will er irgendeine Bombe platzen lassen. Entweder man hat ihn gefeuert oder er hat unsere gesamten Ersparnisse bei einer windigen Investition verzockt. Vielleicht will er mich auch wegen einer Jüngeren verlassen …« Es kommt uns nicht in den Sinn, dass er vielleicht einfach einen schönen Abend mit seinem Lieblingsmenschen verbringen möchte.

Wenn eine Freundin eine Nachricht auf dem Anrufbeantworter hinterlässt und sagt, sie müsse sofort mit uns reden, stellen wir uns automatisch das Schlimmste vor – sie zieht wahrscheinlich ans andere Ende des Landes oder hat gerade erfahren, dass sie einen inoperablen Hirntumor hat. Erst wenn sie offenbart, dass sie heiraten will, atmen wir erleichtert auf – vorausgesetzt, wir sind nicht der wettbewerbsorientierte Typ.

Und was die Kinder betrifft, kennen unsere Ängste kaum Grenzen. Wenn man uns mitteilt, dass wir uns bei der Lehrerin melden sollen, kann das nur bedeuten, dass unser Sohn einen Schulverweis erhalten hat oder dass unsere Tochter auf dem Schulhof von der Schaukel gestürzt ist und sich schwer verletzt hat. Wenn wir dann erfahren, dass die Lehrerin nur ein Dutzend Muffins für das Klassenfest braucht, kommen wir uns ein bisschen albern vor …

Unsere fatalistische Fantasie vergrößert natürlich nur unsere Panik und schürt das bereits lodernde Feuer der Alpha-Bitch weiter an. Wenn wir in einer solchen Denkweise feststecken, trudeln wir schnell auf die »dunkle Seite«. Um zu sehen, wie fest Angst und Mangel Sie im Griff haben, beantworten Sie die folgenden Fragen.

Werden Sie von Angst und Mangel beherrscht?

Kreuzen Sie jeweils die Aussage an, die am ehesten auf Sie zutrifft:

1. Ihre Schwester ruft unerwartet an; Ihr spontaner Gedanke ist …

    A Sie will sich Ihr Lieblingskleid ausborgen, zusammen mit den dazu passenden Schuhen, der Handtasche *und* Ihren besten Ohrringen.

    B Sie will Sie wahrscheinlich zum Lunch einladen. Es ist Monate her, seit Sie beide sich zuletzt gesehen haben.

    C Sie will Sie um Ihre Hilfe bei der Planung der Feier bitten, die anlässlich des Hochzeitstages Ihrer Eltern stattfinden soll.

    D Sie will Ihnen sagen, dass ihre Firma in Schwierigkeiten steckt und dass man ihre Stundenzahl – und ihr Gehalt! – reduziert hat.

2. Sie und eine gute Freundin, die ebenfalls Single ist, sind beide bereit, Kandidaten für ein Date zu treffen. Als Ihre Freundin Sie anruft, um Ihnen von einem Date zu erzählen, das außergewöhnlich gut gelaufen ist, sind Sie …

    A aufgeregt.

    B neidisch.

    C hoffnungsvoll.

    D am Boden zerstört.

3. Sie sind gerade auf einer Shopping-Tour im Schlussverkauf Ihres Lieblingsgeschäfts und se-

hen, wie eine andere Kundin auf ein Paar atemberaubender Sandalen im Ausverkaufsregal zusteuert. Sie …

A beschleunigen den Schritt, um als Erste beim Regal anzukommen. Das ist bestimmt das letzte Paar in Ihrer Größe.

B warten, bis die andere die Schuhe beäugt hat, bevor Sie ihr die Beute wegschnappen.

C geben sich geschlagen und machen sich deprimiert auf den Weg in eine andere Abteilung.

D lassen ihr die Schuhe. Die Auswahl ist groß genug.

4. Bei einer Bürofeier bemerken Sie, dass eine Kollegin sich angeregt mit *Ihrem* Liebsten unterhält …

A Sie gehen schnurstracks auf die beiden zu und beenden das Gespräch.

B Sie werfen Ihrem Freund ein selbstbewusstes Lächeln zu und setzen Ihre eigene Unterhaltung fort.

C Sie spielen trotz der bohrenden Angst in der Magengrube äußerlich die Coole.

D Sie erfinden einen Vorwand, um Ihren Freund aus den Klauen dieses Drachens zu befreien.

5. Es ist Sonntagnacht und Sie haben eine harte Woche vor sich, einschließlich einer wichtigen Präsentation bei der Arbeit, einer Party mit Freunden und einer Schulveranstaltung, für die Sie Ihre Hilfe zugesagt haben. Sie …

A legen sich ins Zeug, arbeiten bis in die frühen Morgenstunden, um alles bis ins kleinste Detail zu planen und zu organisieren.

B fühlen sich überfordert, aber pushen Ihren Körper auf Hochtouren. Der Adrenalinkick (und der kalorienreiche Frappuccino) sind das Einzige, was Sie davor schützt, einen Fehler zu machen.

C verschieben Ihre privaten Pläne auf eine weniger hektische Woche und vertrauen darauf, dass Ihre Freunde Verständnis für Sie haben werden.

D halten einen Moment inne, um über Ihr erfülltes und aktives Leben nachzudenken, und nehmen die bevorstehende Woche mit einem Gefühl der Dankbarkeit in Angriff.

6. Nachdem Sie erfahren haben, dass der neue Teppich, den Sie bestellt haben, nicht vor dem Besuch Ihrer Schwiegereltern verlegt werden kann, …

A machen Sie sich Sorgen, dass sie Sie für eine schreckliche Hausfrau halten werden, und ordern einen anderen Teppich, der sofort verlegt werden kann.

B tun Sie die Sache mit einem Achselzucken ab und trösten sich mit dem Gedanken, dass jeder Fleck eine interessante Geschichte zu erzählen hat.

C warten Sie auf den Teppich, den Sie wollten, aber leihen sich Geld, um mehrere große Brücken zu kaufen, die Sie auslegen, solange Ihre Schwiegereltern da sind.

D bestehen Sie darauf, dass Ihre Schwiegereltern ihre Reisepläne ändern, damit Ihr Haus in einem Tiptop-Zustand ist, wenn sie kommen.

7. Als Sie gebeten werden, sich an einem Wohltätigkeitsprojekt Ihrer Firma zu beteiligen, …

A ergreifen Sie die Chance, Menschen, die nicht so viel Glück hatten wie Sie selbst, zu helfen und gleichzeitig etwas für Ihre Firma zu tun.

B machen Sie Ihre Entscheidung davon abhängig, ob Ihre Beteiligung Ihnen so viel Anerkennung einbringt, dass es die Zeit lohnt.

C lehnen Sie ab und sagen, dass Sie sehr gern helfen würden, aber leider nicht so viel Zeit haben.

D machen Sie sich Sorgen, was Ihre Kollegen denken, wenn Sie ablehnen, und nehmen an dem Projekt teil, unabhängig von Ihren eigenen Wünschen.

8. Nachdem ein alter Schulfreund Sie angerufen und Ihnen mitgeteilt hat, dass man ihm gerade gekündigt hat, …

A machen Sie sofort einen Termin mit Ihrem Vorgesetzten aus, um zu erkunden, ob Ihr eigener Arbeitsplatz sicher ist.

B erinnern Sie Ihren Freund an all die beruflichen Kontakte, die er hat, und setzen zu einem Brainstorming an, um zu überlegen, was er als Nächstes tun könnte, um einen viel besseren Job zu finden.

C empfinden Sie Dankbarkeit, weil Sie selbst einen Arbeitsplatz haben, und fühlen sich motiviert, sich noch mehr ins Zeug zu legen, um ihn zu behalten.

D können Sie nicht umhin, sich Sorgen zu machen, dass Sie die Nächste sein könnten, der das passiert.

9. Nach jahrelanger Suche lernen Sie endlich einen tollen Mann kennen. Er ist aufregend und erfolgreich und – verheiratet. Sie …

A ziehen Ihrer Wege. Es gibt genügend tolle Männer, die nicht gebunden sind.

B lassen sich auf eine Affäre mit ihm ein. Ein bisschen männliche Aufmerksamkeit ist immerhin besser als gar keine.

C geraten in Versuchung, Ihre langfristigen Träume für eine kurzfristige Erfüllung zu opfern. Wer weiß, wann sich wieder eine solche Gelegenheit bietet?

D machen sich klar, was Sie an dem verheirateten Mann anziehend finden, und fügen die Charakteristika der Liste der Eigenschaften hinzu, die Ihr Traummann haben sollte.

10. Als Ihre Nachbarn von ihrer extravaganten Reise zurückkehren und von ihren exotischen Abenteuern und luxuriösen Unterkünften berichten, …

A müssen Sie unwillkürlich denken, dass es ziemlich egoistisch von den Nachbarn ist, sich endlos über ihre Erlebnisse auszubreiten, wo sie doch genau wissen, dass *Sie* noch nie eine solche Reise gemacht haben.

B fühlen Sie sich total niedergeschlagen. Wenn nicht ein Wunder geschieht, werden Sie selbst nie über die Mittel verfügen, um sich einen solchen Urlaub leisten zu können.

C brechen Sie das Gespräch ziemlich schnell ab und nehmen sich vor, die Nachbarn zu meiden, bis sich ihre Begeisterung gelegt hat.

D erinnern Sie sich selbst daran, dass Sie die Fähigkeit haben, einen bestimmten Traum lebendig werden zu lassen, wenn Sie es wirklich wollen.

Punkteschlüssel:

1. a-4, b-1, c-3, d-5 ✳ 2. a-1, b-4, c-2, d-5 ✳
3. a-5, b-4, c-3, d-1 ✳ 4. a-5, b-1, c-3, d-4 ✳
5. a-5, b-4, c-2, d-1 ✳ 6. a-4, b-1, c-3, d-5 ✳
7. a-1, b-5, c-3, d-4 ✳ 8. a-4, b-1, c-2, d-5 ✳
9. a-2, b-5, c-3, d-1 ✳ 10. a-3, b-5, c-4, d-1

Auswertung:

Zählen Sie die Punkte zusammen, die den Buchstaben Ihrer Antworten entsprechen.

Bis 20 Punkte: Ihr Grundproblem ist jedenfalls nicht Angst.

21 bis 35 Punkte: Vieles spricht dafür, dass Sie eher von Angst angetrieben werden als durch die bestehenden Möglichkeiten. Wahrscheinlich fühlen Sie sich die meiste Zeit total gestresst.

35 bis 50 Punkte: Sie sind sich wahrscheinlich aller Dinge, die Sie *nicht* haben, sehr bewusst und haben vielleicht sogar schon die Hoffnung aufgegeben, dass Sie je die Ziele erreichen, von denen Sie träumen. Wenn Sie Ihren Bezugspunkt verändern und sich statt auf den Mangel auf die vorhandene Fülle konzentrieren, wird Ihre Angst nachlassen und Sie können die Möglichkeiten, die in Hülle und Fülle vorhanden sind, besser annehmen. Dieses Kapitel zeigt Ihnen, wie Ihnen das gelingt.

Das Glas, das immer »halb leer« ist

Die Grundüberzeugungen von Mangel und Begrenzung fördern nicht nur einige ziemlich unsympathische Charaktereigenschaften, sie wirken sich auch direkt auf unsere Fähigkeit aus, die erstrebte Fülle in unser Leben zu ziehen. Die Umstände, in denen wir uns wiederfinden – die Leichtigkeit unserer Beziehungen, die Stabilität unserer Finanzen und der Grad der empfundenen körperlichen Vitalität – stehen immer in direktem Zusammenhang mit dem, was wir unserer eigenen Ansicht nach verdienen. Wenn unsere Einstellung von Gedanken des Mangels beherrscht wird (wir genügen nicht und es gibt nicht genügend Ressourcen für alle), werden wir immer wieder die Erfahrung des Mangels herbeiführen.

Um unsere harten Alpha-Kanten weicher zu machen und zu unserer natürlichen femininen Leichtigkeit und Anmut zurückzukehren, müssen wir Folgendes erkennen: Jedes Mal, wenn wir uns auf das konzentrieren, was wir nicht haben, oder uns Sorgen darüber machen, was man uns wegnehmen *könnte*, setzen wir unsere Energie ein, um uns eine Zukunft auszumalen, die alles andere als erstrebenswert ist. Unsere Ängste, Sorgen und Überzeugungen in Bezug auf den Mangel sind die Saat, die wir für kommende Lebenserfahrungen säen.

Wenn wir glauben, dass zu wenig Ressourcen zur Verfügung stehen, um die Bedürfnisse aller zu erfüllen, werden wir immer wieder Beweise finden, die diese Überzeugung bestätigen. Das wird in der Psychologie als *self-fulfilling prophecy*, selbsterfüllende Vorhersage, bezeichnet: Wenn man glaubt, dass bestimmte Dinge geschehen, geschehen sie häufig tatsächlich, einfach weil man in einer Weise handelt, die das Auftreten dieser Ereignisse auslöst. Wenn Sie zum Beispiel glauben, dass alle Männer Betrüger sind, werden Sie Ihrem Freund gegenüber möglicherweise zu einem misstrauischen und argwöhnischen Verhalten neigen. Sie stellen vielleicht jeden seiner Schritte infrage oder überprüfen, wo er sich aufhält, durchschnüffeln seine E-Mails oder nerven ihn unablässig, wenn er mit seinen Freunden unterwegs ist. Diese Verhaltensweisen können ihn letztendlich vertreiben, möglicherweise in die Arme einer anderen Frau, und dadurch Ihre Überzeugung bestätigen, dass »alle Männer Betrüger« sind. Unsere Überzeugungen sind machtvolle Determinanten für künftige Ereignisse, nicht nur weil sie unser Verhalten ändern, sondern auch, weil sie unsere Energie verändern.

> *Unsere Überzeugungen sind machtvolle Determinanten für künftige Ereignisse, nicht nur weil sie unser Verhalten ändern, sondern auch, weil sie unsere Energie verändern.*

Mit jedem Gedanken an das, was fehlt, falsch oder unzulänglich ist, verschieben wir unwissentlich unsere Energie, indem wir uns auf all das konzentrieren, was fehlt, falsch oder unzulänglich ist. In diesem Bewusstsein bleibt das sprichwörtliche Glas immer halb leer und kommt uns nie voll genug vor, ganz gleich, wie viel wir besitzen. Weil wir die Welt durch die Brille des »Unzulänglichen« betrachten – sowohl in dem Sinne, dass wir selbst nicht gut genug sind, als auch in dem Sinne, dass nicht genug für alle da ist –, geraten wir in Panik und überlassen die Führung unserer inneren Alpha, die sofort unsere Gelassenheit ebenso wie unseren Erfolg in der Welt zu untergraben beginnt.

Schon die Tatsache, dass Hunde in der Lage sind, die Angst eines Menschen zu riechen, und darauf reagieren, legt nahe, dass sie mehr ist als ein flüchtiges Gefühl: Angst ist ein energetischer Seinszustand, der von allen registriert wird, die damit in Kontakt kommen. Wenn eine Frau, die von Mangel, Unzulänglichkeit und Angst durchdrungen ist, einen Raum betritt, bringt sie diese Energie mit sich; auch wenn sie kein Wort sagt, spüren die Anwesenden diese Schwingung und reagieren entsprechend. Sie haben möglicherweise das spontane Bedürfnis, sie zu beruhigen, schleichen auf Zehenspitzen um sie herum oder gehen ihr tunlichst ganz aus dem Weg. Ihre Energie kann andere in

> *Weil wir die Welt durch die Brille des »Unzulänglichen« betrachten – sowohl in dem Sinne, dass wir selbst nicht gut genug sind, als auch in dem Sinne, dass nicht genug für alle da ist –, geraten wir in Panik und überlassen die Führung unserer inneren Alpha, die sofort unsere Gelassenheit ebenso wie unseren Erfolg in der Welt zu untergraben beginnt.*

Unruhe versetzen, Aggressivität oder Angst in ihnen wecken. Andererseits ist auch die Fülle auf einer bestimmten
Frequenz angesiedelt, und wenn wir uns selbst darauf einstimmen, zapfen wir unsere angeborene Fähigkeit zur
Schaffung der von uns ersehnten Ergebnisse an, ohne dass
wir kämpfen, uns anstrengen oder versuchen müssen, sie
mit Gewalt herbeizuzwingen.

Erst wenn wir unseren Glauben an den Mangel aufgeben, lassen wir es zu, dass die Fülle wirklich Einzug in
unser Leben hält. Unsere einschränkenden Überzeugungen blockieren den Zugang zu der Entfaltung, die wir ersehnen. Wie können wir also die Gedanken loswerden, die
unsere Alpha-Verhaltensweisen antreiben und uns das verdiente Glück verbauen? Indem wir uns auf unsere Gefühle
einstimmen. Sie zeigen an, ob unsere vorherrschenden Gedanken selbststärkend oder einschränkend sind. Wenn wir
glücklich, hoffnungsvoll und euphorisch sind, können wir
sicher sein, dass wir auf dem richtigen Weg sind und unsere
Gedanken im Einklang mit dem Reichtum unserer Natur
stehen. Doch wenn wir angespannt, wütend oder verzweifelt sind, ist es an der Zeit, die dem zugrunde liegende
Haltung zu verändern – und das geht so:

Wie Sie Mangel und Einschränkung loslassen

1. Ermitteln Sie bewusst die Überzeugungen, die Sie zurückhalten. Wählen Sie einen problematischen Bereich
   Ihres Lebens und schreiben Sie auf, welche Einsichten
   oder einschränkenden Überzeugungen Ihnen in den
   Sinn kommen. Bewerten oder analysieren Sie die Gedanken nicht, lassen Sie sie einfach vorbeifließen.

2. Wenn Ihr Unbewusstes die negativen Überzeugungen, die Sie in sich tragen, offenbart, stellen Sie diese infrage. Fragen Sie sich selbst, ob diese Überzeugungen wirklich wahr sind oder ob Sie diese Haltungen einfach von Ihrer Familie, Ihrer Erziehung oder Kultur übernommen haben. Wenn Sie über die Überzeugungen nachdenken, achten Sie darauf, ob sie zu Ihrer Selbststärkung beitragen, ob sie dazu beitragen, dass Sie sich stark fühlen, oder ob sie das Gegenteil bewirken – Sie Ihrer Kraft berauben und Ihr Selbstvertrauen untergraben.

3. Verankern Sie eine neue Überzeugung, indem Sie regelmäßig eine Denkweise bekräftigen, die Ihre Selbststärkung und Selbstbestimmung fördert. Wie Henry Thoreau sagt, wird ein einzelner Schritt keinen Weg auf der Welt hinterlassen und ebenso ein einzelner Gedanke keinen Weg im Geiste hinterlassen. Um einen Weg anzulegen, müssen wir ihn immer wieder gehen, und um eine tiefe geistige Spur zu hinterlassen, müssen wir immer wieder solche Gedanken denken, von denen unser Leben beherrscht sein soll.[8] Wiederholen Sie die wünschenswerteren Gedankengänge immer wieder. Auch wenn Sie anfangs nicht wirklich daran glauben, werden sie mit der Zeit zu Ihrer vorherrschenden Denkweise werden.

Ganz gleich, wie angestrengt Sie sich bemühen, werden Sie doch nie den verdienten und angestrebten Erfolg ernten, wenn Sie die Beschränkungen, die Sie davon abhalten, nicht erkennen. Diese Begrenzungen haben nichts mit Ihrer persönlichen Erfahrungsgeschichte oder Ihren wahrgenommenen Unzulänglichkeiten zu tun, sie sind nicht die Schuld anderer Menschen, die mehr besitzen als Sie, und sie haben zweifellos nichts mit irgendeinem Mangel an Ressourcen auf der Welt zu tun. Die Blockade, die zwischen Ihnen und dem guten Leben liegt, das Sie sich mit Herz und Kopf ersehnen, ist eine innere – und das heißt, dass nur Sie allein diese Blockade aufheben können. Indem Sie das Gesetz der Hinlänglichkeit und Fülle wirksam werden lassen, erzeugen Sie die erwünschten Ergebnisse mit Leichtigkeit und Gelassenheit und durch die reine Kraft Ihrer Anziehungskraft – auf die Art, die Ihrer wahren weiblichen Stärke entspricht.

Das Gesetz der Hinlänglichkeit und Fülle

Dieses Gesetz wirkt nach dem Grundsatz, dass wir alle heil und ganz geboren werden, gut genug und ausgestattet mit der Fülle aller Möglichkeiten. Und weil in der Welt ein grenzenloser Vorrat an Energie, der Grundlage aller Dinge, vorhanden ist, gibt es genug für alle. Kreative Energie ist grenzenlos und nimmt in der materiellen Welt immer wieder neu Gestalt an. Sie ist überall, ein unendliches Meer an Fülle. Es gibt keine grundsätzlichen Grenzen für die Liebe, die Vitalität, die Freude oder den materiellen Reichtum, die wir erschaffen, erleben und genießen können. Warum? Weil wir im Kern alle aus potenzieller Energie bestehen, die unerschöpflich ist, und dieses Potenzial ist jedem von uns in jedem Augenblick zugänglich. John Randolph schreibt in seinem Klassiker *The Abundance Book*: Seit Anbeginn der zivilisierten Welt haben aufgeklärte Menschen gelehrt, dass Wohlstand Teil des natürlichen Lebensprozesses ist und dass üppige Fülle die unbestreitbare Natur jedes Individuums ist … Das Geheimnis besteht darin, sich dieses unfehlbaren Prinzips bewusst zu sein, zu verstehen, dass Mangel einfach das Ergebnis falscher Überzeugungen ist, und zu wissen, dass wir, wenn wir die Bewusstseinskorrektur vornehmen, zu einem Kanal für die Aktivität eines sich stetig erweiternden Einflusses in unserem Leben werden.[9]

Es gibt an sich keinerlei Knappheit an irgendetwas. Es gibt mehr als genug für alle, so dass jeder seine Bedürfnisse und Wünsche erfüllen kann. Was also ist der Unterschied zwischen einer Frau, die das Gesetz der Hinlänglichkeit und Fülle verkörpert, und einer Frau, die immer noch vom Mangel getrieben wird? Werfen wir einmal einen Blick auf einige Beispiele:

Die Akademikerin, die sich und ihr Leben als unzulänglich empfindet, klagt, dass sie nie irgendwelche »guten« Männer kennenlernen kann, weil sie ständig beruflich auf Reisen gehen muss. Die erfüllte Frau, die von einer ähnlichen Sehnsucht nach einem Seelenverwandten getrieben wird, findet es amüsant und aufregend, beruflich zu verreisen, weil sie in Flugzeugen und auf Flughäfen die Riesenchance hat, fabelhafte, unternehmungslustige, ungebundene Männer kennenzulernen.

Die Frau, die ihre Verdienstmöglichkeiten aus einer Perspektive des Mangels betrachtet, ringt mit den Verpflichtungen in ihrem Leben und hat immer das Gefühl, nicht genug Zeit oder Energie zu haben, um alles zu erledigen. Sie denkt an all die Dinge, die sie tun *muss*, und fühlt sich überlastet. »Ich muss zur Bank und Überweisungen tätigen. Ich muss die Kinder von der Schule abholen. Ich muss zur Arbeit. Ich muss das Haus saubermachen.« Die aus der Fülle lebende Frau denkt an all die Dinge, die sie tun *darf*, und ist dankbar. »Ich habe genug Geld, um diese Überweisungen vorzunehmen. Ich habe wunderbare, gesunde Kin-

der, die ich von der Schule abholen darf. Ich habe eine
Arbeit, die mich ernährt.« Sie macht eine Bestandsauf-
nahme von ihrem vollen, aktiven Leben, fühlt sich reich
und beschenkt und kann dies als Mutter, Geliebte, berufs-
tätige Frau und Freundin zum Ausdruck bringen. Der
Austausch mit anderen Menschen ist für sie keine Belas-
tung, sondern gibt ihr vielmehr neuen Schwung. Ihr Leben
ist voll, aber aufregend und erfüllend.

Die Frau, die sich selbst über den Mangel wahrnimmt,
wird jede Situation (ob sie es laut ausspricht oder nicht)
unweigerlich danach beurteilen, welche Vorteile sie daraus
ziehen kann. Weil sie sich ihres eigenen Wertes so unsicher
ist und an ihrer Fähigkeit zweifelt, die erwünschte Fülle
hervorzubringen, kann sie nicht über den Tellerrand ihrer
unmittelbaren Bedürfnisse und deren potenzieller Befriedigung hinausblicken. Leider ist sie durch diese Denkweise dazu verurteilt, immer wieder unbefriedigende Erfahrungen zu machen. Sie ist einfach zu sehr mit der Frage
beschäftigt, was sie von anderen bekommen kann, um darüber nachzudenken, was sie zu geben hat. Sie leistet keinen inneren Beitrag und bleibt unerfüllt.

Dagegen betrachtet die Frau, die weiß, dass sie ein Teil
eines reichen Universums ist, alle – persönlichen und beruflichen – Situationen aus der Perspektive des »Was kann
ich dazu beitragen?« Da sie sich all ihrer einzigartigen Talente ebenso wie des Guten in ihrem Leben bewusst ist, ist
es völlig normal für sie zu geben. In diesem Sinne ist sie
eine natürliche Anführerin, weil sie die Bedürfnisse anderer ebenso in Betracht zieht wie ihre eigenen. Weil sie fähig
ist, in größeren Zusammenhängen zu denken, und nicht in
einer egozentrischen Sichtweise gefangen ist, ergeben sich
viele Chancen für sie, die auf dem Radar der Frau, die ausschließlich auf ihre Selbsterhaltung ausgerichtet ist, über-

haupt nicht auftauchen. Ihr fällt plötzlich die Antwort auf eine Frage, über die sie nachgedacht hat, in den Schoß, sie wird genau in dem Moment, in dem sie eine große Party plant, überraschend von einer Freundin angerufen, die von einem fantastischen Caterer erzählt, oder sie sitzt im Restaurant zufällig neben einer Geschäftsfrau, die den idealen Kontakt zu einer Person herstellt, die ein bevorstehendes Ereignis koordinieren kann.

Die selbstbestimmte Frau, die sich ihrer Weiblichkeit bewusst ist, verkörpert Fülle. Sie weiß, dass die kreative Kraft immer zur Verfügung steht, dass sie von dieser Kraft, die in den vielfältigsten Formen zum Ausdruck kommt, durchströmt wird und dass sie sie ausstrahlt. Sie versteht, dass die Quelle des Glücks in ihr selbst liegt, und nicht an einem Ort, den sie erreicht, wenn sie sich aggressiv an anderen vorbeiboxt. Sie versucht nicht, Ereignisse zu erzwingen. Sie richtet sich einfach an der eigenen inneren Fülle aus und zieht Menschen und Situationen an, die genau zum richtigen Zeitpunkt mit der richtigen Lösung für ihre Bedürfnisse auftauchen.

Diese Frau ist sich bewusst, dass sie als kreatives Wesen immer aus sich heraus schöpferisch ist und ihre eigene Anziehungskraft nutzen kann, um Dinge geschehen zu lassen. Die Welt wird ihr immer in großer Menge zurückgeben, was sie durch ihre eigenen Schwingungen aussendet. Sie wird entweder Erfolg in Hülle und Fülle haben, wenn ihre eigene Energie darauf ausgerichtet ist, oder entsprechend eine Fülle von Missgeschicken. Sie weiß ohne den Schatten eines Zweifels, dass sie selbst durch ihre Grundüberzeugungen darüber bestimmt, was das Leben ihr bringt.

Wenn wir eine auf Fülle ausgerichtete Denkweise entwickeln, wissen wir, dass immer genug da sein wird und

dass das Leben großzügig ist. Wir leben in freudiger Gewissheit, dass unsere Bedürfnisse immer rechtzeitig erfüllt
werden. Auch wenn
nicht das geschieht, was
wir erwartet haben, wis-
sen wir, dass die Zeit
eben noch nicht reif da-
für war und etwas Besse-
res kommen wird.

Diese Frau ist sich bewusst, dass sie als kreatives Wesen immer aus sich heraus schöpferisch ist und ihre eigene Anziehungskraft nutzen kann, um Dinge geschehen zu lassen.

Eine an der Fülle
orientierte Haltung er-
laubt uns, die Menschen
in unserem Leben als
freundliche und unterstützende Teammitglieder und Partner zu betrachten. Wir wissen, dass unsere Familie und
unsere Freunde hinter uns stehen und das Beste für uns
wollen. Wir versinken nicht in Eifersucht gegenüber anderen, weil wir wissen, dass sich durch ihre Errungenschaften
neue Möglichkeiten für alle eröffnen. Tatsächlich ist in
unserer grenzenlosen Welt alles, was wir uns vorzustellen
vermögen, auch erreichbar für uns.

Das Wichtigste an dem Wechsel zur Hinlänglichkeit
und Fülle ist, dass wir uns selbst als heil und ganz wahr-
nehmen. Wir wissen im tiefsten Innern, dass das, was wir
sind und was wir haben, genug ist. Wir freuen uns über die
Möglichkeiten, die uns in Zukunft erwarten, und gehen
davon aus, dass uns Gutes zuteil wird. Wir sind euphorisch, offen und stark.

Die folgende Aufstellung fasst zusammen, was wir sind,
anziehen, schaffen und erfahren, wenn wir uns an einer
Haltung des Mangels und der Begrenzung orientieren, und
was möglich wird, wenn wir den Bewusstseinswandel zu
Hinlänglichkeit und Fülle vollziehen.

	Wenn wir uns an Mangel und Begrenzung orientieren	Wenn wir uns an Hinlänglichkeit und Fülle orientieren
Wie wir das Leben wahrnehmen	✳ feindselig ✳ begrenzte Ressourcen ✳ voll von Hindernissen und Kämpfen ✳ trostlose Zukunft ✳ ungerecht ✳ finanziell problematisch	✳ freundlich ✳ überquellend vor Chancen und Ressourcen ✳ angenehm und überraschend ✳ finanziell stabil ✳ spannend ✳ grenzenlose Möglichkeiten
Wie wir andere Menschen wahrnehmen	✳ zurückhaltend ✳ verletzend ✳ kleinlich ✳ feindlich	✳ großzügig ✳ unterstützend ✳ hilfsbereit
Wie andere uns wahrnehmen	✳ angstgesteuert ✳ starr ✳ unsicher ✳ verzweifelt ✳ ineffektiv	✳ offen ✳ sicher ✳ zuversichtlich ✳ einfallsreich
Wie wir uns fühlen	✳ machtlos ✳ allein ✳ ängstlich ✳ unsicher ✳ wütend	✳ erfüllt ✳ dankbar ✳ freudig ✳ bestärkt ✳ frei

Wenn Sie die Vorteile eines an Fülle ausgerichteten Ansatzes wirklich begreifen – nicht nur als theoretisches Konzept, sondern als tief empfundene Wahrheit –, werden Sie nicht mehr in Versuchung geraten, Ihre Energie darauf zu verwenden, Druck auszuüben, etwas zu erzwingen, zu fordern oder mit anderen zu konkurrieren, um Ihren Anteil an den Dingen, die Sie sich ersehnen, geltend zu machen. Sie wissen: Wenn ein Herzenswunsch existiert, dann existiert auch die Möglichkeit seiner Verwirklichung. Und falls es Ihnen als beängstigende oder unmögliche Aufgabe erscheint, die eigenen Gedanken und Überzeugungen zu verändern, sollten Sie eines bedenken: Es erfordert viel mehr Energie, einschränkende Überzeugungen aufrechtzuerhalten, als sie zu verändern.

> *Falls es Ihnen als beängstigende oder unmögliche Aufgabe erscheint, die eigenen Gedanken und Überzeugungen zu verändern, sollten Sie eines bedenken: Es erfordert viel mehr Energie, einschränkende Überzeugungen aufrechtzuerhalten, als sie zu verändern.*

Wenn Sie sich selbst in diesem Augenblick so lieben können, wie Sie sind, und Dankbarkeit für alles empfinden, was Sie haben, während Sie sich gleichzeitig auf die Dinge freuen, die Sie in Zukunft erleben werden, sind Sie ideal auf das Gesetz der Hinlänglichkeit und Fülle eingestimmt.

Erfüllung – der Schlüssel, der das Gesetz der Hinlänglichkeit und Fülle wirksam macht

Das Geheimnis, wenn wir das Gesetz der Hinlänglichkeit und Fülle wirksam machen wollen, besteht darin, dass wir gut darin werden, uns auszumalen, was wir uns wünschen, und uns so zu fühlen, als ob es bereits Wirklichkeit wäre. Mit anderen Worten: Wir stellen uns vor, dass die Sehnsucht bereits erfüllt ist. Das *Wollen* – ob einen Arbeitsplatz mit besserer Bezahlung, ein ideales Zuhause oder einen genauso leidenschaftlichen wie treuen Ehemann – sichert, dass das ersehnte Ergebnis immer »da draußen« in der Zukunft bleibt. Warum? Weil das Wollen anzeigt, dass wir im Moment noch nicht haben, was wir uns wünschen – es ist etwas, von dem wir hoffen, dass wir es irgendwann bekommen. Also teilen wir der Welt durch unsere Gedanken und Schwingungen mit, dass uns fehlt, was wir ersehnen. Inzwischen dürfte klar sein, dass die Welt auf jeden unserer Gedanken reagiert und die Überzeugungen widerspiegelt, die wir aussenden. Wenn wir beispielsweise einen neuen Job möchten und in der Schwingung des Verlangens bleiben, ist das genau die Botschaft, die wir vermitteln. Wir können uns ein Gespräch dazu vorstellen: »Hab's kapiert«, sagt das Universum. »Dir fehlt ein neuer Job. Dein Wunsch ist mir Befehl. Ich übertrage dir das Fehlen eines neuen Jobs (genau das, was wir zum Ausdruck gebracht haben) und so lange du mir mitteilst, dass dir ein neuer Job fehlt, werde ich dir das Fehlen eines neuen Jobs zurückgeben.«

Wenn wir hingegen das Gefühl kultivieren, dass das eigene Bedürfnis bereits erfüllt ist, ziehen wir dieses Ergebnis viel machtvoller zu uns heran, als wir es durch alles Wünschen und Entbehren je könnten. Unsere Schwingungen der Erfüllung klingen im »Gespräch« mit dem Universum etwa folgendermaßen: »Ich freue mich riesig, dass mein neuer Job auf mich zukommt.« Das Universum gibt zurück, was wir aussenden, und bietet entsprechende Energien in der Form von Lebenserfahrungen an, in dem Beispiel schließlich einen neuen, befriedigenden Job. Es ist wichtig, dass wir diesen feinen, aber wichtigen Unterschied erkennen.

Wie können wir nun also diesen Schlüssel nutzen, um von einer Haltung des Mangels zu einer der Fülle zu wechseln? Ermitteln Sie zunächst, was Sie ersehnen. Fragen Sie sich dann: »Wie werde ich mich fühlen, sobald dieser Wunsch sich erfüllt hat?« Wenn Sie sich zum Beispiel wünschen, Ihren Lebenspartner, Ihren Seelenverwandten zu finden, stellen Sie sich vor, dass Sie genau in diesem Augenblick in seinen Armen liegen. Wie fühlen Sie sich? Geliebt? Anerkannt? Gesehen? Wunderschön? Was immer Sie empfinden: Geben Sie sich dem Gefühl voll und ganz hin.

Der Trick besteht darin, uns so vollständig von dem angestrebten Ergebnis erfüllen zu lassen, *als ob es bereits eingetreten wäre*. Je mehr wir das tun, desto leichter wird es und desto realer fühlt es sich an. Dabei geht es nicht nur darum, sich einfach vorzustellen, was man möchte. Es ist die Entscheidung, das angestrebte Ziel als tatsächlich erreicht *zu fühlen* und sich dann zurückzulehnen und dem Leben die Details zur Umsetzung zu überlassen. Wie die Bestseller-Autorin Marianne Williamson in ihrem Buch *A Return to Love: Reflections on the Principles of a Course in Miracles* schreibt: Es ist wirkungsvoller, wenn wir uns an unserer Vision orientieren, als wenn wir uns an unseren Lebensumständen ausrichten. Das Festhalten an der Vision beschwört die Umstände herauf, durch die unsere Vision verwirklicht wird. Die Vision ist der Inhalt; die materiellen Gegebenheiten sind die äußere Form.[10] Wenn Sie in materiellem Überfluss leben möchten, nehmen Sie sich die Zeit, sich genau vorzustellen, wie es sich anfühlen würde, mehr Geld zu haben, als Sie je ausgeben könnten. Wären Sie aufgeregt? Erleichtert? Geben Sie sich diesem Gefühl vollständig hin. Kosten Sie es mit aller Konzentration und Leidenschaft aus, und es wird Ihrem Traum Leben einhauchen. Durchleben Sie, wie es sich anfühlen würde, wenn der Wunsch bereits Wirklichkeit wäre, und Sie werden seine Erfüllung anziehen.

Die Welt der äußeren Umstände und Erfahrungen ist eine Widerspiegelung unserer inneren Welt der Gedanken und Gefühle. Erinnern Sie sich noch an die an früherer Stelle erwähnte Gleichung? Je zufriedener und dankbarer Sie für das Leben sind, das Sie haben, desto mehr dieser befriedigenden und erfüllenden Erfahrungen werden Sie anziehen. Diese simple Verschiebung wird Ihre Anziehungskräfte radikal verändern: Wo Sie einst von Angst getrieben waren, werden Sie jetzt von Begeisterung angefeuert. Anstatt von dem besessen zu sein, was Sie sich ersehnen (wodurch Sie in einem ständigen Zustand des Entbehrens gefangen sind), konzentrieren Sie sich auf das, was Sie bereits haben. Sie fangen an darauf zu vertrauen, dass Sie alles, was Sie brauchen, um Ihr Glück zu machen und Ihre Ziele zu erreichen, in sich tragen. Sie haben alles in sich, um ihr berufliches Ziel zu erreichen. Sie haben alles in sich, um die Liebe Ihres Lebens anzuziehen. Durch das Wissen, dass Sie bereits genug *sind*, rufen Sie die Erfahrung ins Leben, dass Sie genug *haben*.

Denken Sie daran, dass Fülle ein unendlicher Fluss des Wohlbefindens ist, der Ihnen immer zugänglich ist. Dieses Bewusstsein wird Ihnen nicht nur unmittelbare Erleichterung verschaffen, sondern Ihnen auch die beste Grundlage liefern, damit Sie alles zu sich hinziehen können, was Sie sich erträumen. Die folgende Tagebuch-Übung wird Ihnen dabei helfen, den Wandel vom Bewusstsein des Mangels zum Bewusstsein der Fülle zu vollziehen.

> *Durch das Wissen, dass Sie bereits genug sind, rufen Sie die Erfahrung ins Leben, dass Sie genug haben.*

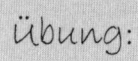 Der Wandel vom Bewusstsein von Mangel und Begrenzung zum Bewusstsein von Hinlänglichkeit und Fülle

Nehmen Sie sich 20 bis 30 Minuten Zeit für diese Übung. Legen Sie ein Tagebuch oder Papier und Stift bereit, damit Sie alle möglicherweise auftauchenden Einsichten oder Handlungen festhalten können.

Rufen Sie sich eine jüngere Erfahrung ins Gedächtnis, die ein Gefühl des Mangels bei Ihnen ausgelöst hat. Vielleicht haben Sie sich selbst als jemand wahrgenommen, der nicht über die Begabung oder Fähigkeit verfügte, um bei einem beruflichen Projekt erfolgreich zu sein; vielleicht hatten Sie auch das Gefühl, nicht genügend Geld zu verdienen, um Rechnungen bezahlen zu können. Versuchen Sie, sich diese Situation so genau wie möglich zu vergegenwärtigen. Stellen Sie sich die beteiligten Personen und die Umstände, die zu der Situation führten, so lebendig wie möglich vor. Wo waren Sie? Was haben Sie getan? Seien Sie so ehrlich wie möglich mit sich selbst und schreiben Sie alle Einzelheiten auf, an die Sie sich erinnern können.

Versuchen Sie, sich daran zu erinnern, was Sie in jenem Moment gefühlt haben. Lassen Sie es zu, dass Sie sich verletzlich fühlen und dass die zugrunde liegenden Ängste, Zweifel und Unsicherheiten hochkommen, durch die diese Erfahrung ausgelöst wurde. Fragen Sie sich selbst: »Wovor hatte ich Angst?« und erlauben Sie sich, alle aufkommenden Antworten zu hören. Möglicherweise hatten Sie den Eindruck, dass die Möglichkeiten begrenzt waren oder dass es Ihnen an der erforderlichen Ausbildung oder Erfahrung für ein berufliches Vorankommen mangelte.

Forschen Sie jetzt tiefer und ermitteln Sie die Gedanken, durch die diese Gefühle der Unzulänglichkeit und Minderwertigkeit hervorgerufen wurden. Lassen Sie sich Zeit und schreiben Sie alle Gedanken auf, an die Sie sich erinnern können.

Versuchen Sie, diese Gedanken auf die Grundüberzeugung zurückzuführen, die dieses an Mangel und Beschränkung ausgerichtete Denken in Gang setzte. Haben Sie Geduld und lassen Sie zu, dass diese Überzeugung sich einfach von allein offenbart. Achten Sie darauf, wie Sie sich fühlen, wenn Sie diese Überzeugung im Bewusstsein halten. Fühlen Sie sich besorgt, wütend, verkrampft oder verängstigt? Beschreiben Sie, wie Sie sich fühlen, wenn Sie diese beschränkende Überzeugung für die Wahrheit halten, und halten Sie diese Empfindungen in Ihrem Tagebuch fest.

Während Sie diese Grundüberzeugung betrachten, fragen Sie sich selbst, welche neue Überzeugung Sie übernehmen könnten, die Ihnen ein Gefühl von Schutz und Sicherheit geben würde. Durch die Sie sich wertvoll, reich oder erfolgreich fühlen würden. Welche Aussagen, die Ihre Selbststärkung und entsprechende Verhaltensweisen fördern würden, könnten Sie bekräftigen? Probieren Sie einmal aus, wie sich die folgenden Statements anfühlen:

* *All meine Bedürfnisse werden zur rechten Zeit und mit Leichtigkeit erfüllt werden.*

* *Das Universum ist ein Ort der Fülle und des Reichtums.*

* *Der Fluss der Fülle strömt kontinuierlich aus vielen unerwarteten Quellen zu mir hin.*

Notieren Sie sich die neue Überzeugung in Ihrem Tagebuch und lassen Sie sie tief in Ihr Bewusstsein sinken, indem Sie sie mehrmals laut aussprechen. Nehmen Sie die Aussage in Ihrer ganzen Bedeutung in sich auf und lassen Sie sich davon durchdringen.

Fragen Sie sich jetzt, welche Handlungsschritte Sie unternehmen könnten – jetzt oder in Zukunft –, um Ihre Verhaltensweisen an diesem neuen Glaubenssatz zu orientieren. Lassen Sie es zu, so zu fühlen, wie Sie fühlen würden, wenn Sie diese Handlungsschritte tatsächlich unternehmen würden. Wären Sie aufgeregt? Lebendig? Stolz? Erleichtert? Kosten Sie dieses Gefühl aus und lassen Sie es zu, dass es Sie gänzlich erfüllt. Je tiefer Sie es in Ihrem Herz und Kopf verankern, desto besser wird es wirken.

Lassen Sie mit dem nächsten Atemzug bewusst und gezielt alle Gedanken oder Gefühle des Mangels und der Begrenzung los und erlauben Sie sich selbst, sich vollkommen frei und neu belebt zu fühlen, während Sie das Glücksgefühl Ihres bereits verwirklichten Traums auskosten.

Bitch-Tipp

Wenn Sie in ein Gefühl des Mangels abgleiten oder neidisch auf das sind, was andere besitzen, fragen Sie sich selbst: »Für welche fünf Dinge an mir selbst oder meinem derzeitigen Leben bin ich *in diesem Moment* aufrichtig dankbar?«

Schlussfolgerung
Von der Alpha-Bitch zur selbstbestimmten Frau, die sich ihrer weiblichen Stärke bewusst ist

Wir Frauen stehen abermals kurz vor einer Revolution. Diesmal geht es nicht darum, dass wir unsere Autonomie behaupten oder uns sexuell befreien; in diesen Bereichen kommen wir bereits bestens zurecht. Im Gegensatz zu früheren Umbrüchen, die veränderten, wie andere uns als Frauen wahrnahmen, vollzieht sich dieses Erwachen tief in unserem eigenen Inneren. Wenn wir lernen, unsere Ziele zu erreichen – nicht durch die Anwendung aggressiver männlicher Energien, sondern indem wir unsere authentische weibliche Stärke aktivieren –, wandelt sich unsere Lebenserfahrung grundlegend. Wir sind genauso konzentriert, entschlossen und erfolgreich wie unsere Alpha-Pendants, aber wir sind auch entspannter und unbefangener. Anstatt uns selbst und andere an den Rand der Erschöpfung zu treiben, indem wir fieberhaft versuchen, Ereignisse zu erzwingen, werden wir bewandert in der Kunst, unsere Gedanken und Gefühle an den grundlegenden Gesetzen auszurichten, die unser Leben bestimmen.

Wenn wir das *Gesetz des reinen Potenzials* akzeptieren, erkennen wir, dass wir keinen Zwang und keine Gewalt anwenden müssen, um erfolgreich zu sein. Stattdessen können wir die natürliche, uns innewohnende Energie anzapfen, aus der wir wie alles in der Welt bestehen, und zulassen, dass sie zur Erfüllung unserer Vorhaben führt.

Um das *Gesetz des Zulassens* zu aktivieren, müssen wir lediglich unsere Kontrollsucht aufgeben. Wenn wir weicher und nachgiebiger werden, lassen wir es zu, dass Fülle, Liebe und ungeahnte Möglichkeiten frei durch unser Leben fließen.

Das *Gesetz des Einsseins* erinnert uns daran, dass wir weitaus stärker sind, wenn unsere Energien auf den Einklang der Kooperation eingestimmt sind, als wenn sie im Gegensatz des Konkurrenzkampfes aufeinanderprallen. Wenn wir andere nicht als Bedrohung, sondern als Quellen der Inspiration betrachten, bauen wir ein Gefühl der Gemeinschaft zwischen uns auf, die zur wechselseitigen Unterstützung anregt und das Wohl aller fördert.

Das *Gesetz der Balance und Harmonie* leitet uns dazu an, nach innerem Frieden und nach Gelassenheit zu streben, anstatt der Zwietracht und Opposition zu erliegen. Indem wir das dramatische Element loslassen, fokussieren wir unsere kreativen Energien besser und das zieht entsprechende Ergebnisse nach sich.

Und wenn wir schließlich das *Gesetz der Hinlänglichkeit und Fülle* annehmen, erkennen wir Lösungen, wo wir vorher nur Probleme sahen, und entdecken Möglichkeiten und Chancen, wo vorher scheinbar kein Grund zur Hoffnung gegeben war. Weil wir auf das fokussiert sind, was wir zu geben haben, anstatt auf das, was wir nehmen können, verbinden wir uns mit tatsächlich unbegrenzten Ressourcen.

Indem wir die Entscheidung treffen, das fruchtlose Streben nach Dominanz und Überlegenheit aufzugeben, gewinnen wir die Stärke, die vergleichenden, konkurrierenden, angstbasierten inneren Stimmen zu ignorieren, die uns daran hindern, das Leben so zu genießen, wie es kommt. Und weil wir unsere Energie nicht länger mit dem Versuch verschwenden, Einfluss über andere Menschen zu gewinnen, sind wir geistig wacher und physisch dynamischer und haben einen Riesenvorrat an Energie zur Verfügung, die wir in unser kreatives Tun investieren können.

Als Frau, die gelernt hat, die feminine Stärke in sich zu erschließen, haben Sie die Mittel, sich selbst von innen heraus zu erhalten. Ihre Quelle des Selbstbewusstseins reicht tief, weil sie auf Ihrem angeborenen Wert beruht und nicht auf Leistungen oder Positionen, die bestenfalls etwas Flüchtiges sind. Sie streben nicht länger äußerlich nach Bestätigung und Bewunderung oder monetären Belohnungen, weil Sie verstehen, dass die wahre Quelle von allem, was wir uns ersehnen, in uns selbst liegt.

Indem Sie Ihre feminine Seite fördern und zulassen, dass sie sich entfaltet, strahlen Sie eine ruhige, klare Präsenz aus, die andere in ihren Bann zieht.

Sie sind die Frau mit dem gewissen Etwas – mit diesem seltsamen Zauber, der schwer zu definieren, aber unmöglich zu ignorieren ist. Das Leben wird leicht und fließend. Die Qualität der Menschen, die Sie anziehen, nimmt zu, ebenso wie die Qualität des Miteinanders, der Projekte und der Erfahrungen, die Sie gemeinsam mit diesen Menschen erleben.

Die vielleicht schönste unmittelbare Belohnung, wenn wir die pri-

> *Sie sind die Frau mit dem gewissen Etwas – mit diesem seltsamen Zauber, der schwer zu definieren, aber unmöglich zu ignorieren ist.*

mitiven Verhaltensweisen der Alpha-Bitch zugunsten eines weiblich bestimmten Ansatzes aufgeben, ist, dass wir mehr Kontrolle über unsere Gedanken und Gefühle gewinnen. Verzweiflung, Sorge, Dringlichkeit und Herrschsucht haben keinen Raum mehr in Ihnen, wenn Sie immer besser darin werden, eine gute, klare Schwingung aufrechtzuerhalten. Mit genügend Übung werden Sie die Fähigkeit entwickeln, Ihre Haltung zu bewahren und fest in Ihrer Mitte zu ruhen – auch wenn andere Alpha-Frauen emsig damit beschäftigt sind, Chaos zu verbreiten, oder versuchen, Sie in ihre Dramen zu verwickeln.

Vorsicht, bissiger Hund!

Die meisten Klagen, die wir von Frauen hören, die im Alpha-Bitch-Modus operieren, beziehen sich auf ihre Begegnungen mit anderen Alpha-Frauen. Wenn Sie allmählich die Fähigkeit entwickeln, diesen potenziellen Auseinandersetzungen auszuweichen, so ist das ein gutes Zeichen dafür, dass Sie sich über diese geistige Haltung hinausbewegen und zu einem ausgewogeneren, selbststärkenden Bewusstsein wechseln. Wie verhalten Sie sich also, wenn Sie das nächste Mal – bei der Arbeit oder in Ihrer Familie – auf eine Alpha-Wölfin treffen, die kampfbereit die Zähne bleckt?

Der erste Schritt besteht in der Erkenntnis, dass es fruchtlos ist, mit ihr zu kämpfen, sich ihr zu widersetzen, mit ihr zu konkurrieren oder sich auf ihr Theater einzulassen, indem Sie sich selbst daran erinnern, dass Angst, Eifersucht und Wettbewerbsdenken nur die Menge an Liebe und Fülle, die Sie empfangen können, einschränkt. Atmen Sie ein paar Mal tief durch, denken Sie daran, dass Freundlichkeit unendlich viel effektiver ist als Grausamkeit, und sagen Sie sich, dass Ihr gelassenes Verhalten ein Ausdruck Ihrer bewussten und kraftvollen Entscheidung ist, kein Zeichen der Schwäche oder Apathie. Wenn Sie den Eindruck haben, dass Ihre Stimmung allmählich von Vertrauen zu Angst oder von Beherrschung zu Wettbewerbsdenken fällt, machen Sie eine der in diesem Buch beschriebenen Übungen, um einen Energieschwung zu erhalten.

Anstatt auf die Person oder Situation loszugehen, die diese Gefühle in Ihnen ausgelöst hat, sollten Sie die Gedanken und Überzeugungen aufdecken, durch die diese psychische Befindlichkeit in Ihrem Innern wachgerufen wurde. Indem Sie die Gefühle auf ihre Quelle zurückführen, können Sie die »Bombe« entschärfen, bevor sie detoniert.

Manchmal scheint das Alpha-Verhalten wie aus dem Nichts in Reaktion auf eine bestimmte Person oder Situation auszubrechen, während es bei anderer Gelegenheit auf einer bestimmten Denkweise zu beruhen scheint. Doch unabhängig davon, wie es sich zeigt oder wie lange es am Werk ist: Wenn Sie bereit sind, dem Beispiel zu folgen, das wir Ihnen hier zeigen, können Sie Ihre Energien neu gruppieren, neu ausrichten und den neuen Kurs selbst festlegen. Unsere Klientin Moira hat uns freundlicherweise erlaubt, ihre Erfahrung hier wiederzugeben:

Moira ist eine Top-Führungskraft in einem erfolgreichen Konzern und genießt die Macht, das Prestige und das beachtliche Gehalt, das mit ihrer Position einhergeht. Obwohl sie manchmal schroff und abweisend war, stand sie in dem Ruf, dass sie super Resultate produzierte, und wurde von ihren Vorgesetzten als der »richtige Mann für den Job« betrachtet. Nach allen äußeren Kriterien hatte Moira alles erreicht, was man sich wünscht: eine erfolgreiche

Karriere, einen attraktiven Ehemann und einen wunderbaren kleinen Sohn. Doch trotz des ganzen Erfolges fühlte sie sich innerlich zerrissen. Wenn sie bei der Arbeit war, fühlte sie sich angespannt; wenn sie nach Hause kam, war sie gereizt und aggressiv.

Wie so viele von uns hatte Moira eine Alpha-Bitch-Fassade aufgebaut, die sie befähigte, in einer von Männern dominierten Branche Schritt zu halten und den Balanceakt zwischen Karriere und Hausfrau- und Mutterrolle erfolgreich zu bewältigen. Jeden Morgen legte sie ihre Alpha-Bitch-Rüstung an und ihre innere Kriegerin wappnete sich mit gezücktem Schwert für den Kampf. Leider wurde diese Haltung zu ihrer gewohnten Art des Umgangs mit anderen Menschen, nicht nur bei der Arbeit, sondern auch zu Hause gegenüber ihrem Ehemann und ihrem Sohn, dem gegenüber sie immer fordernder und gereizter reagierte. Als sie sich schließlich selbst den dringend benötigten Rückzug in Form eines Seminars bei uns gönnte, zeigte sie ernsthafte Zeichen der Kampfesmüdigkeit.

Während dieses Wochenendseminars, bei dem sie die dicke Rüstung ablegte, die andere Menschen auf Distanz hielt, fing Moiras gesamte Erscheinung an, sich zu wandeln. Sie sah weicher aus und lächelte mehr. Ohne das Gewicht der Welt auf ihren Schultern bezauberte sie uns alle mit ihren klugen Einsichten und ihrem einmaligen Sinn für Humor. Am Ende des Seminars nahm sie sich fest vor, die Wandlung von der Alpha-Bitch zur selbstbestimmten weiblichen Stärke zu vollziehen.

Als sie nach Hause zurückkehrte, bestand ihre erste Aufgabe darin, sich selbst einfach dabei zu ertappen, wenn sie in eine »Jeder gegen jeden«-Haltung abglitt. Da es Moiras Lebensaufgabe gewesen war, sich als taff und kompetent zu präsentieren, fiel ihr das relativ leicht. Als Nächstes sollte sie Kontakt zu den Gefühlen herstellen, die präsent waren, wenn sie auf aggressive, kontrollierende oder misstrauische Art handelte. Wie zu erwarten, zeigte sich, dass Angst und Unzulänglichkeit die Hauptquellen waren. Sie fürchtete, dass sie nur Anerkennung finden würde, wenn sie hart darum kämpfte, immer mehr Titel zu erringen. Sie hatte Angst, dass man sie verletzen würde, wenn sie nicht die ganze Zeit auf der Hut war, und dass sie nie imstande sein würde, irgendetwas zu leisten, wenn sie sich nicht selbst zu Höchstleistungen antrieb. Vor allem fürchtete sie, dass man sie nicht lieben würde, wenn sie nicht unter Beweis stellte, dass sie die Beste in allem war. Kein Wunder, dass sie sich innerlich so leer und erschöpft fühlte!

Nachdem Moira die Gefühle erkannt hatte, die sie in den Alpha-Modus katapultierten, spürte sie den Gedanken nach, die üblicherweise Hand in Hand mit diesen Ängsten gingen, und deckte eine wahre Flut auf: *Es wird so viel von mir erwartet, wie soll ich das bloß schaffen? – Ich habe nicht genug Zeit, um alles zu erledigen. – Was habe ich heute zu tun vergessen?* – Ein wiederkehrendes Thema zeichnete sich schnell ab, eines, das für praktisch jede Alpha gilt: Unter ihrem ganzen Ehrgeiz und hyperrigiden Plänen hatte Moira das Gefühl, nicht gut genug zu sein, um die Erwartungen ihrer Umwelt zu erfüllen. Als sie sich eingestand, wie oft sie täglich von Gedanken wie diesen gequält wurde, traf die Erkenntnis sie hammerhart.

Moira fing an, sich die Botschaften ins Gedächtnis zu rufen, die sie von Eltern, Lehrern, früheren Vorgesetzten und sogar Freunden erhalten hatte: *Du bist nur so gut wie deine Noten. – Man wird dich nicht respektieren, wenn du nichts leistest. – Die Zweitbeste hat verloren. – Ausruhen kannst du dich, wenn du tot bist.* Um Moira bei der Erkenntnis zu helfen, wie kontraproduktiv diese Überzeugungen im Grunde für ihr Glück und Wohlbefinden waren, forderten wir sie auf, sich einmal auszumalen, wie es sich auf die Effektivität eines Angestellten von ihr auswirken würde, wenn er inmitten dieser ganzen Negativität arbeiten müsste. Als sie sich vorstellte, dass nicht sie selbst, sondern eine andere Person mit diesen destruktiven Überzeugungen konfrontiert wäre, erkannte sie die zerstörerische Wirkung natürlich sofort.

Dann stand sie vor der Aufgabe, diese abschätzigen, überholten Überzeugungen durch gesündere und produktivere Ansätze zu ersetzen – durch neue Glaubenssätze, die auf Selbstliebe und Akzeptanz ausgerichtet waren. Je mehr sie sich daran gewöhnte und Herz und Kopf von diesen neuen Überzeugungen erfüllt waren und je leichter sie ihr von der Zunge gingen, desto besser und entspannter fühlte sie sich. Die harten, scharfen Kanten, hinter denen sie ihr wahres Selbst verborgen hatte, wurden weicher, und eine freundlichere, liebevollere Person tauchte auf. Als sie es sich zur Priorität machte, sich wieder mit der sensiblen und fürsorglichen Seite ihres Wesens zu verbinden, erkannte sie, wie sehr sie sich nach mehr Vertrautheit mit anderen und mehr innerer Gelassenheit sehnte. Diese Sehnsucht zu erfüllen wurde ihr neues Ziel.

Natürlich fällt es Moira nicht immer leicht, die Maske der taffen Frau beiseitezulassen. Manchmal ist es total beängstigend und sie fühlt sich verletzlich. Doch glücklicherweise fehlt es Alphas nicht an Entschlossenheit oder Mut und das gilt auch für Moira! Sie machte es sich zur Aufgabe, weicher, ruhiger und mehr in ihrer eigenen Mitte zu sein, und schon bald konnte sie einige sehr beeindruckende Ergebnisse feststellen.

Eines Tages blieb ein männlicher Kollege, mit dem sie nicht besonders gut auskam, stehen, um ihr die Tür aufzuhalten. Echt gerührt durch diese einfache Geste nahm sie sich einen Moment Zeit, um den jüngeren Kollegen in eine Unterhaltung zu ziehen, und stellte ein gutes Verhältnis zu ihm her, das sich zu einer harmonischeren Arbeitsbeziehung zwischen ihnen beiden entwickelte. Ihr Sohn, der ihr aus dem Weg zu gehen pflegte, wenn sie nach Haus kam, ruft sie jetzt im Laufe des Tages an, einfach um »Hallo« zu sagen, und kommt aus seinem Zimmer, um sie zu umarmen, wenn sie abends von der Arbeit nach Hause zurückkehrt. Ihr Ehemann lächelt sie häufiger an und bemüht sich sehr, ihr besondere Überraschungen zu bereiten. Sie wurde rot, als sie uns erzählte, dass ihr Entschluss, weiblichere Gefühle zuzulassen, anscheinend »den Mann in ihm« hervorrufe.

Ermutigt durch die veränderten Reaktionen, die sie von anderen Menschen erhält, und dadurch, dass sie sich so wohl in ihrer Haut fühlt, bemüht sich Moira weiterhin engagiert darum, den Panzer, an dem sie jahrelang gearbeitet hat, Stück für Stück abzutragen. Wenn sie heute spürt, dass Angst oder Gereiztheit auftauchen, was von Zeit zu Zeit geschieht, nimmt sie dies als Hinweis darauf, dass sie loslassen, vertrauen und sich wieder mit ihrer Weiblichkeit verbinden sollte. Moira betrachtet sich selbst als »laufendes Projekt«, doch mit jedem Tag, an dem sie sich dafür entscheidet, auf ihre weibliche Stärke zu vertrauen, fühlt sie sich ausgeglichener und die holprigen Stellen auf dem Weg werden zunehmend ebener.

✳ ✳ ✳

Wir alle sind wie Moira »laufende Projekte«. Die kraftvoll-aggressiven Miranda Priestlys, die kontrollierenden Miranda Hobbeses, die wettbewerbsorientierten Monica Gellers, die theatralischen Scarletts O'Haras und natürlich die Diven der Reality-Shows, die wir täglich im Fernsehen und auf der Kinoleinwand sehen, sagen unserer inneren Alpha, dass sie auf dem richtigen Weg zur Weltmacht ist. Es ist schwer, lange genug aus dem Rampenlicht zu treten, um uns selbst zu fragen: »Zu welchem Preis bekomme ich, was ich will?« Miranda Priestly ist beruflich zwar zweifellos supererfolgreich, wird aber von allen Mitarbeitern gehasst. Ja, und die »Housewives« werden zu Fernsehstars und heimsen 15 Minuten Ruhm ein, aber um welchen Preis für ihre Würde? Wenn das Verhalten der Alpha-Bitch die Oberhand gewinnt, kann uns dies, wie wir in diesem Buch immer wieder gezeigt haben, sehr weit bringen: sehr weit weg von unserer wahren weiblichen Natur.

Sie können jetzt hoffentlich erkennen, dass die Alpha-Bitch eine aussterbende weibliche Art ist. Ihre Aggressivität kostet mehr Energie, als wir uns auf Dauer leisten können; ihr Gegenstück der selbstbestimmten Frau, die sich ihrer femininen Stärke bewusst ist, erweist sich physisch und psychisch als überlebensfähiger. Es ist Zeit, dass wir anfangen, auf die Frauen zu schauen, die die Revolution der weiblichen Kraft anführen – Frauen, die durch das, was sie sind, Autorität ausstrahlen, und nicht durch die aggressiven, kontrollierenden oder wettbewerbsorientierten Verhaltensweisen, durch die sie ihre Erfolge errungen haben.

Vor allem ist es an der Zeit, dass wir uns selbst als Beispiele für starke und anmutige Frauen betrachten. Indem Sie die in diesem Buch vorgestellten Werkzeuge benutzen, können Sie die weibliche Stärke in sich wecken und anfangen, Ihr Leben in etwas zu verwandeln, das Sie selbst gestalten, und zwar genau so, wie es Ihnen bestimmt ist: mit Anmut und Leichtigkeit.

Anmerkungen

1 Abraham Hicks in: Esther und Jerry Hicks, *The Vortex* (Carls-bad, CA: Hay House, 2009), S. 19.

2 David R. Hawkins M.D., Ph.D., *Power Versus Force: The Hidden Determinants of Human Behavior* (Carlsbad, CA: Hay House, 2002), S. 133. / Die Ebenen des Bewusstseins (Kirchzarten b. Freiburg, VAK, 2004).

3 Depak Chopra, M.D., *The Seven Spiritual Laws of Success: A Practical Guide to the Fulfillment of Your Dreams* (San Rafael, CA: Amber-Allen Publishing, 1994), S. 7. / Die sieben geistigen Gesetze des Erfolgs (Berlin, Ullstein, 2012[8]), S. 17.

4 Eckhart Tolle, *Stillness Speaks* (Novato, CA: New World Library, 2003), S. 64. / Stille spricht (München, Goldmann, 2003).

5 Chopra, *The Seven Spiritual Laws of Success*, S. 53. / op.cit., S. 69–70.

6 Sanya Roman und Duane Packer, *Creating Money* (Tiburon, CA: H. J. Kramer, 1988), S. 109. / Kreativ Reichtum schaffen (Berlin, Ullstein, 2004).

7 John F. Kennedy, Rede in der Frankfurter Paulskirche, 25. Juni 1963. *Public Papers of the Presidents of the United States: John F. Kennedy* (Washington, DC: GPO, 1963), S. 519.

8 Henry David Thoreau, Auszug aus seinen Tagebüchern.

9 John Randolph Price, *The Abundance Book* (Carlsbad, CA: Hay House, 2005), S. ix.

10 Marianne Williamson, *A Return to Love: Reflections on the Principles of A Course in Miracles* (New York: HarperCollins, 1992), S. 186. / Rückkehr zur Liebe (München, Goldmann, 1993).

Dank

Ein großes Dankeschön an unsere Familien, Freunde und Kollegen für ihre unschätzbaren Beiträge: Eure Unterstützung und Anleitung haben diese Reise möglich gemacht!

An Danielle Dorman: Deine redaktionelle Genialität erfüllt uns immer wieder mit Dankbarkeit (und Erstaunen!). Wo wären wir ohne dich? Das ist eine Frage, die wir uns oft stellen – und deren Beantwortung wir hoffentlich nie praktisch ausprobieren müssen. Danke für dein außergewöhnliches Engagement.

An Glenn Yeffeth und das Team von BenBella Books: Ihr verkörpert die wahre Bedeutung von Kooperation. Wir können euch gar nicht genug dafür danken, dass ihr jeden Schritt des Weges mit uns gemeinsam gegangen seid.

An Celeste Fine und Folio Literary Management: Danke, dass ihr die Vision nie aufgegeben habt!

An Jacquie Jordan und die Gruppe bei TVGuestperts: Wir danken euch für eure Ermutigung, Anleitung und Frechheit!

An die erstaunlichen Göttinnen, die ihr Licht und Leben mit uns geteilt haben: Wir sind euch unendlich dankbar.

An unser »Göttinnen-Team«, das uns in vielerlei Hinsicht bei unseren Seminaren hilft: Wir lieben und danken euch. Unserer besonderer Dank gilt Evelyn Apostolou: Du bist eine echte Verkörperung der Göttin und ein Segen für uns!

An alle Autoren und Autorinnen, die uns mit aufmunternden Worten bei diesem Projekt geholfen haben: Danke.

Von Rebecca
An Mom, Dad, Irene und Gil: Danke, dass ihr mir zeigt, was Liebe, Loyalität und unerschütterliche Hingabe bedeuten. Ich bin unendlich glücklich, ein Teil unserer Familie zu sein.

An Charlie, Alex und Brianna: Danke, dass ihr immer an meiner Seite *und* hinter mir steht, ganz gleich, was geschieht! Mit euch werden selbst die größten Pannen zu lustigen Erlebnissen, und ich kann mir nichts Besseres vorstellen.

An Alex: Danke, dass du mich »gewählt« hast! Du erfüllst mein Leben mit unvergleichlicher Freude und Leichtigkeit. Es macht mich immer wieder glücklich, mit dir zusammen zu sein, und ich bin zutiefst dankbar dafür, dass ich dieses Leben mit dir teilen darf.

Und an Brianna: Vom Augenblick deiner Geburt an war ich fasziniert von deiner außergewöhnlichen Schönheit und Anmut. Du lehrst mich jeden Tag, was es bedeutet, eine echte Göttin zu sein – machtvoll und gefasst, stark und feminin. Ich habe gewaltigen Respekt vor dir.

An meine Seelenschwestern Jill Lebeau und Mary Mohs: Eure allgegenwärtige Liebe und Unterstützung in den vielen gemeinsamen Jahren haben mich ungeheuer bereichert. Ich schätze mich glücklich, euch meine Freundinnen nennen zu dürfen.

An Christy: Du bist eine so erstaunliche Lehrerin der Fülle und ich bin dir so dankbar dafür, dass du mich »zu meinem Besten« ermutigst. Ich danke dir für alles, was du in mein Leben gebracht hast!

Von Christy

An die erstaunlichen Männer in meinem Leben: Frederic, Alexander und Maxim – ich liebe euch.

An die erstaunlichste Koautorin, Partnerin und Freundin: Rebecca Grado, du bist meine »Soul Sister«. Es gibt keine Worte für die Dankbarkeit, die ich für dich empfinde.

An Jonathan Hunsaker, alias »Big Daddy«: Ohne dich wären meine Träume keine Wirklichkeit. Du bist der Wind unter meinen Flügeln – und der einzige Mensch, der es ertragen kann, mich singen zu hören. Danke sagt zu wenig.

An Sharon DiStaulo: die beste Assistentin der Welt!

An das One Net Marketing-Team, insbesondere an Terri Romine: Ihr seid die fundamentalen Grundlagen meiner Arbeit. Ohne euch und euer fantastisches Team bei One Net Marketing könnte ich nicht tun, was ich tue.

An Brendon Burchard: Du bist ein wahrer Mentor und Coach. Ich danke dir für deine Anleitung und Unterstützung.

Ein großes Dankeschön an alle QSCA-Coaches, die ich als meine Familie betrachte!